MICHAEL LANGER · FERDINAND NEGES

Play Guitar POWERSTEPS 1

AF546531

Play Guitar Powersteps - die ideale Fortsetzung für jede Anfängerschule

- Gründliche Einführung in das Tirando-Spiel
- 33 sehr leicht spielbare Highlights der Unterrichtsliteratur
- Didaktisch durchdacht, mit klar strukturiertem Aufbau
- Learn & Play inklusive Audio-Download 

Die Audiodateien stehen hier zum Download zur Verfügung:

https://download.dux-verlag.de

Download-Code: h2p0-36sp

Hinweis: Die Dateien werden in einem ZIP-Archiv heruntergeladen und müssen vor dem Abspielen entpackt werden.

Die Audiodateien sind auf den gängigen Streaming-Plattformen verfügbar (z.B. Spotify).

Spotify-Playlist:
Play Guitar Powersteps 1

Impressum

D 3519 / ISMN 979-0-50017-582-7 / ISBN 978-3-86849-409-9

Audioaufnahmen: Michael Langer, Gitarre
Studio: Studio Legale, Wien
Layout und Notensatz: Michael Langer
Umschlaggestaltung: Bertram Bergner, Tollwerk GmbH
Titelfoto: Bild von Luca auf Pixabay

www.dux-verlag.de

Die Autoren bedanken sich bei Sabine Ramusch
und bei Gerhard und Uwe vom DUX-Verlag

Einleitung

Die beiden „Play Guitar Powersteps"-Ausgaben haben sich zum Ziel gesetzt, in insgesamt acht Kapiteln („Powerstep 1-8") markante Lernfortschritte zu ermöglichen. Der Schwierigkeitsgrad bleibt dabei konsequent im Bereich „sehr leicht" bis „leicht".

Durch ihren didaktisch durchdachten Aufbau und die Stückauswahl sind die beiden Bände auch als Wiederholung und Festigung von bereits Gelerntem bestens geeignet und können überdies dazu beitragen, eventuell bestehende Lücken schließen zu helfen.

Die Möglichkeit, sich innerhalb einer klar gegliederten Struktur eingehend mit einzelnen (präzise eingegrenzten) Themen zu befassen, macht diese Ergänzung der Play-Guitar-Reihe zum idealen Anschluss für alle gängigen Lehrwerke, besonders Play Guitar 1 und Play Guitar Junior.

1 **Powerstep 1** hat zum Ziel, die Vertrautheit mit dem Griffbrett in den wichtigsten Lagen zu erhöhen. Der Tonraum der Lagen I-V, VII und IX wird zunächst jeweils mit einstimmigen Übungen und Melodien aufbereitet. Zusätzlich gibt es noch einfache, zweistimmige Solostücke, die den Fokus auf dem eigentlichen Thema, also verbesserte Kenntnis der höheren Positionen, belassen.

Powerstep 2 ist mit dem Thema „Zweistimmige Zerlegungen" der erste Schritt in das große Kapitel „Tirando-Spiel". Sehr bewusst wurden für einen erleichterten Start Stücke ausgewählt, die viele Passagen auf benachbarten Saiten beinhalten, in denen beide Stimmen ineinanderklingen sollen, also ein Anlegen in Ober- oder Unterstimme weder sinnvoll noch leicht ausführbar wäre.

Powerstep 3 bringt eine Fortsetzung des Themas „Tirando-Spiel" mit dreistimmigen Zerlegungen. Eine sorgsam geplante Stückauswahl garantiert, dass eine Vielzahl an Anschlagsmustern zum Einsatz kommt.

Powerstep 4 setzt die originelle Stückauswahl fort, jedoch weiterführend mit dem Fokus auf „Vierstimmigen Zerlegungen". Eine maßgebliche didaktische Grundidee zum Thema „Tirando-Spiel", die nachvollziehbare Systematisierung von Akkordzerlegungen durch fixe Saitenzuordnung der anschlagenden Finger, wird ebenfalls konsequent durchgeführt.

2 **Powerstep 5** stellt die für Gitarrenmusik bestgeeigneten Tonarten (C-Dur, G-Dur, D-Dur, a-Moll, A-Dur, e-Moll, E-Dur) vor. Die diesem umfangreichen Abschnitt zugrunde liegende Systematik umfasst für die jeweilige Tonart immer eine Tonleiter, Lagenwechsel-Übungen, eine berühmte Tonleiterstelle aus der Gitarren-Literatur, die wichtigsten Akkordverbindungen im Dominant-Tonika-Schema sowie einfache Spielstücke, deren Schwerpunkt weiterhin auf elementaren Akkordzerlegungen liegt.

Powerstep 6 bringt eine erste Begegnung mit Aufschlags- und Abzugsbindungen. Ein wichtiges Kriterium bei der Stückauswahl für dieses Thema war ein möglichst hürdenfreier Einstieg in diese neue Technik durch bewusste Beschränkung auf einfachste Kombinationen.

Powerstep 7 ist dem Thema „Barré-Griffe" gewidmet, wobei im Hinblick auf die leichte Spielbarkeit nur der „kleine Quergriff" über zwei bzw. drei Saiten benötigt wird.

Powerstep 8 beschäftigt sich abschließend mit dem Thema „Vorhalt".
Musikalische Rhetorik und ihre elementarsten Regeln können hier in allereinfachster Form erfahren und in ersten Ansätzen auch erlernt werden.

INHALTSVERZEICHNIS:

	Einleitung		Seite 3
	Inhaltsverzeichnis		4
	Powerstep 1 - Lagenspiel		7
	I. Lage		8
01	Forked Deer	(Trad./USA)	8
02	Unwinding	(Lindsey-Clark)	9
	II. Lage		10
03	Bransle de Champaigne	(Attaingnant)	10
04	Canzone	(Antitomaso)	10
	III. Lage		12
05	Wipe Out	(The Surfaris)	13
	IV. Lage		14
06	Balletto	(Anonym)	15
07	Der Schlangenkorb am Markt von Muapur	(Langer)	15
	V. Lage		16
08	Cumbia (La Colegiala)	(Aguilar)	17
	VII. Lage		18
09	Jacob's Ladder	(Lindsey-Clark)	19
	IX. Lage		20
10	Über Stock und Stein	(Langer)	21
11	Rund herum	(Trad./Brasilien)	21

	Powerstep 2 - Zweistimmige Zerlegungen		23
12	Behutsam	(Langer)	24
13	Die Prinzessin dreht sich	(Langer)	25
14	Eine kleine Zupfmusik	(Langer)	26
15	Pa-na-ma, Pa-na-ma, Ku-ba	(Langer)	27
16	A Million Dreams	(Pink)	28
17	Boogie Exercise	(Langer/Neges)	29
	Powerstep 3 - Dreistimmige Zerlegungen		31
18	Monasterio Alfredo	(Langer)	32
19	Time Out for Joe	(Langer)	33
20	The Elvis Concert - Part I	(Langer)	34
21	The Elvis Concert - Part II	(Langer)	34
22	The Elvis Concert - Part III	(Langer)	35
23	A Message to Ed	(Langer)	36
24	Leccion Nr. 61	(Sagreras)	37
25	Short Piece No. 1	(Kolosko)	38
26	Ronaldinho	(Langer)	39
	Powerstep 4 - Vierstimmige Zerlegungen		41
31	Prelude a-Moll	(Carcassi)	42
30	Profumo di fiori	(Antitomaso)	43
30	Break Even	(Lindsey-Clark)	44
33	Leccion Nr. 55	(Sagreras)	44
31	Con moto	(Smith Brindle)	45
32	Prelude A-Dur	(Carulli)	46
33	Im Regenwald	(Langer)	47
	Überblick		48

Powerstep 1

THEMA: **Lagenspiel**

Ein Schritt vorwärts, zwei Schritte zurück: Das ist kein gutes Konzept, um schnell vorwärts zu kommen, beschreibt aber gut, wie wir den ersten Band von „Play Guitar Powersteps" beginnen wollen.

Der Schritt vorwärts ist die Beschäftigung mit dem **Lagenspiel**. Es folgen Spielstücke von der I. bis IX. Lage: zum einen sehr einfach gehaltene Check-in-Übungen (ab der III. Lage), um mit dem Tonmaterial bzw. dem wechselnden Fingersatz der linken Hand vertraut zu machen, dann schon richtige Vortragsstücke.

Die „zwei Schritte zurück" sollen der Wiederholung dienen, egal mit welcher Schule man begonnen hat: Der **Wechselschlag**, das Abwechseln der Anschlagsfinger beim **einstimmigen** Melodiespiel, steht von Anfang an im Vordergrund und ist ein wertvolles Tool, auf das man immer wieder zurückgreifen mag. Die **unechte Zweistimmigkeit,** Melodie (Oberstimme) und Bass (Unterstimme) werden nicht gleichzeitig, sondern nacheinander angeschlagen, folgt oft als nächster Schritt und ist eine beliebte Hilfe beim Übergang von der Ein- zur Zweistimmigkeit. Auch die **echte Zweistimmigkeit** ist ein wichtiges Kapitel jeder Gitarrenschule. Melodie (Oberstimme) und Bass (Unterstimme) werden gleichzeitig angeschlagen.

ÜBETIPP: Nimm dir Zeit für die Check-in-Übungen und versuche, die Töne in den Lagen auswendig zu lernen. Wir haben uns bewusst auf die am häufigsten vorkommenden Töne in den jeweiligen Lagen konzentriert. Du wirst sehen, wie oft du diesen oft toll klingenden Tönen in den hohen Lagen in vielen fortgeschritteneren Gitarrenstücken wiederbegegnen wirst - und dann kennst du sie schon!

ZIELE: Das Ziel dieses ersten Powersteps ist das Wiederholen der Töne in der I. und II. Lage sowie ein Beginnen des Lagenspiels und Erlernen von Tönen der III. bis IX. Lage. Gleichzeitig wiederholen wir den Wechselschlag, einstimmig wie auch in Verbindung mit unechter Zweistimmigkeit sowie gleichzeitigem Anschlag mit leeren und gegriffenen Bässen.
Wir empfehlen, falls dieses Wiederholen gut funktioniert, gleichzeitig mit Step 1 schon mit Step 2, den allereinfachsten Tirando-Zerlegungen, zu beginnen.

I. Lage

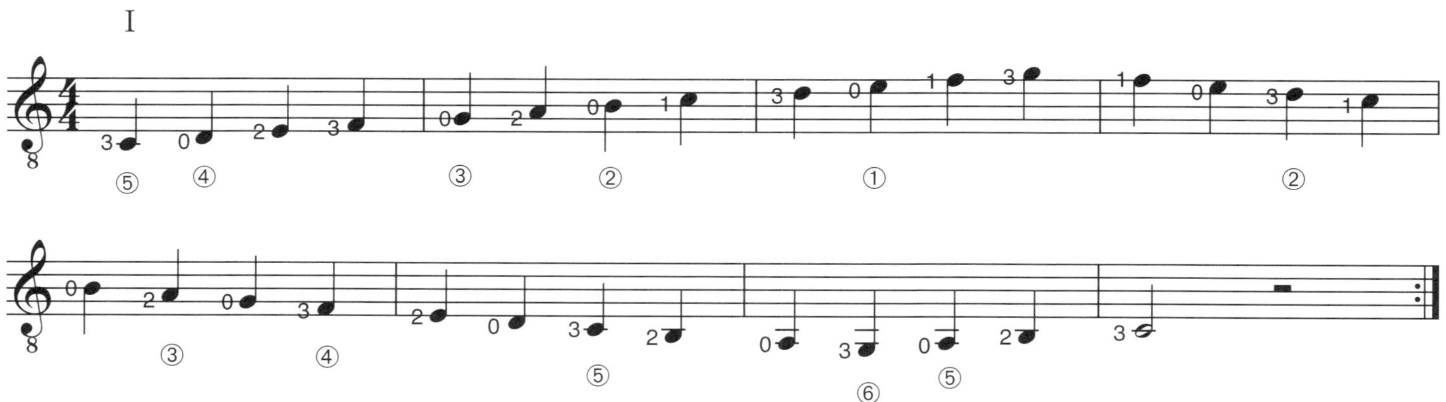

01 Forked Deer

Traditional/USA

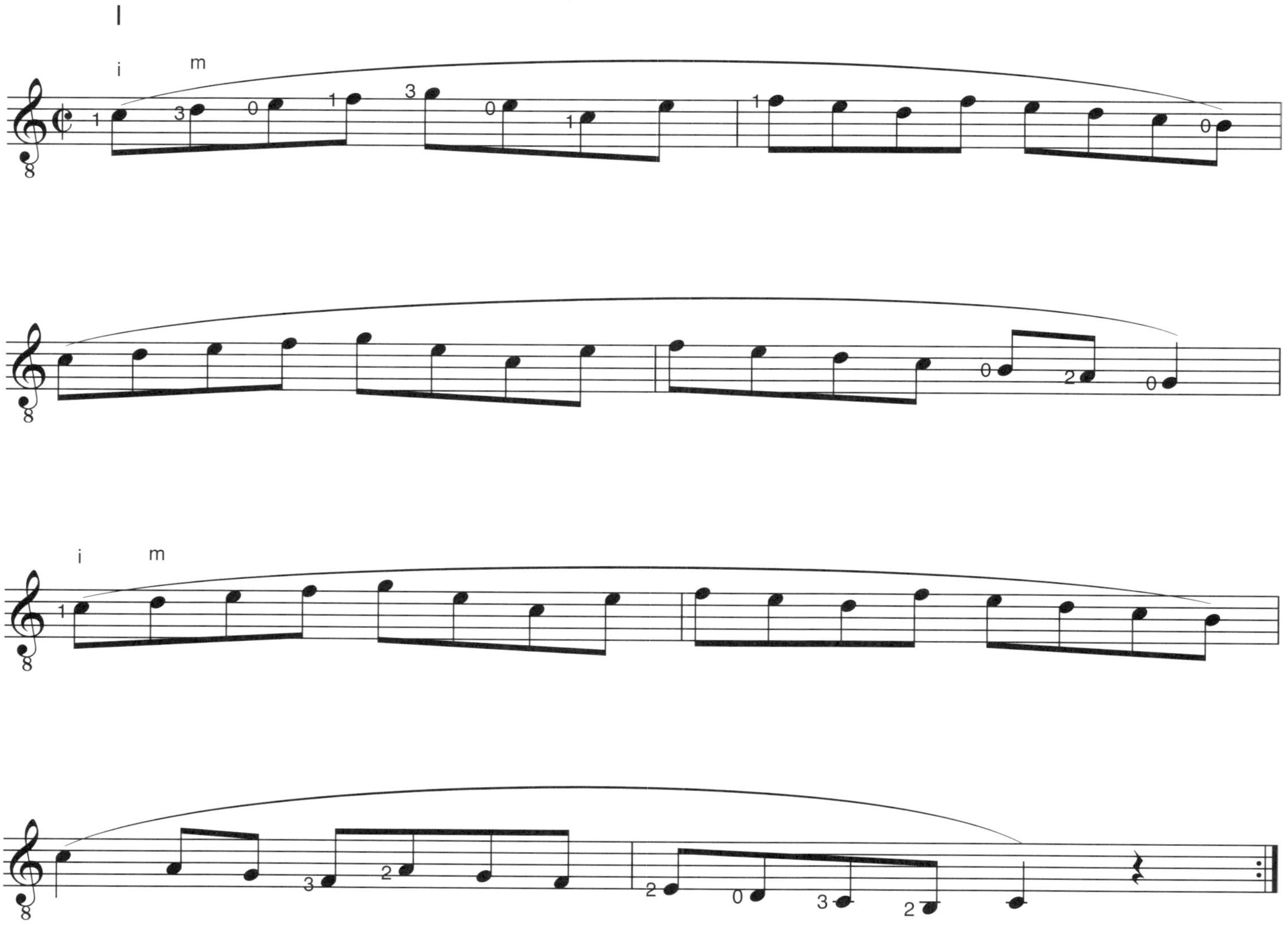

02 Unwinding

Vincent Lindsey-Clark

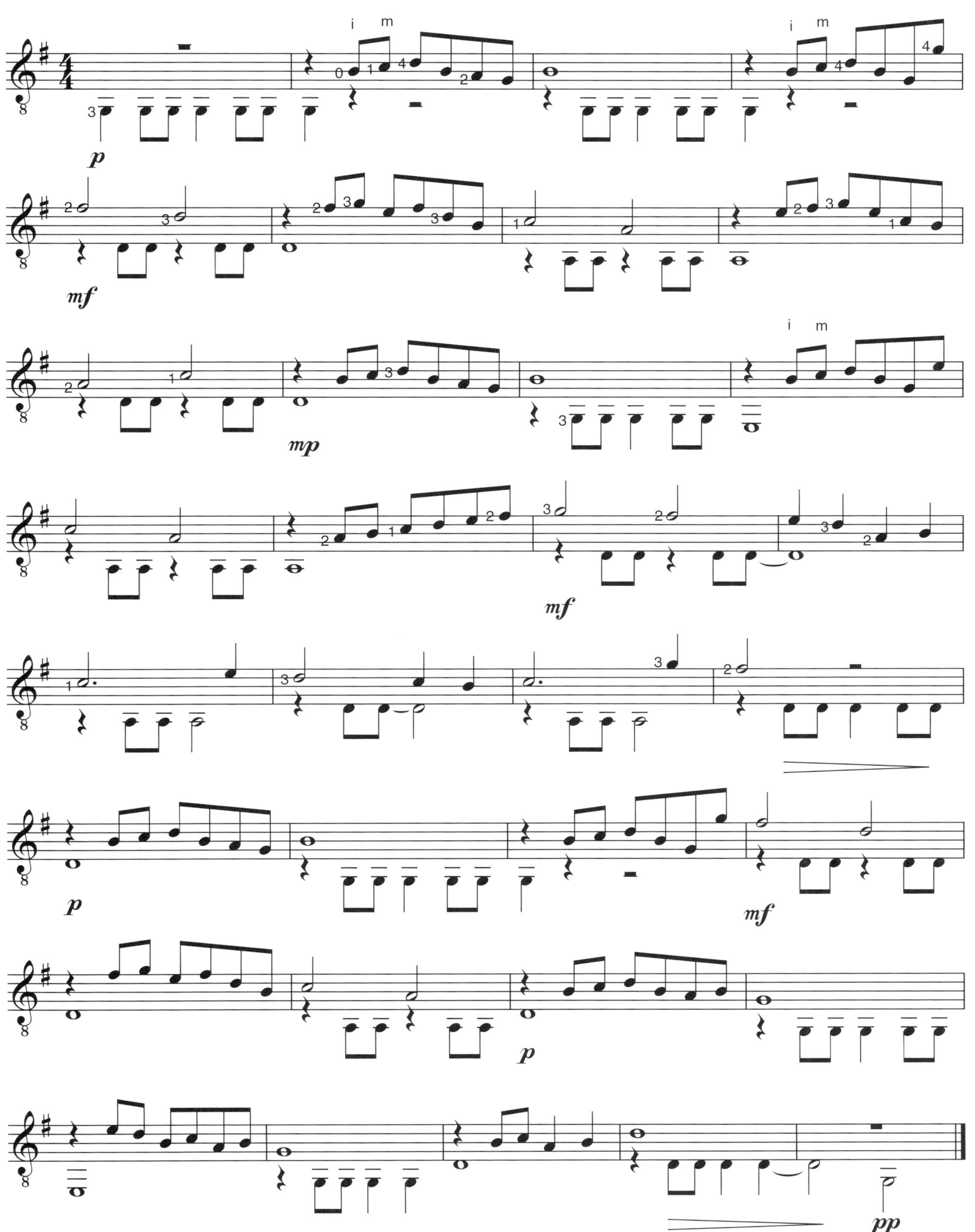

II. Lage

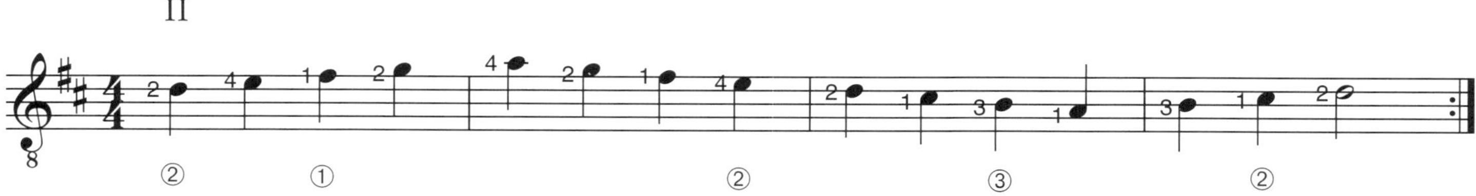

Alternativ: Du kannst e und h auch als leere Saite spielen.

03 Bransle de Champaigne

Pierre Attaingnant

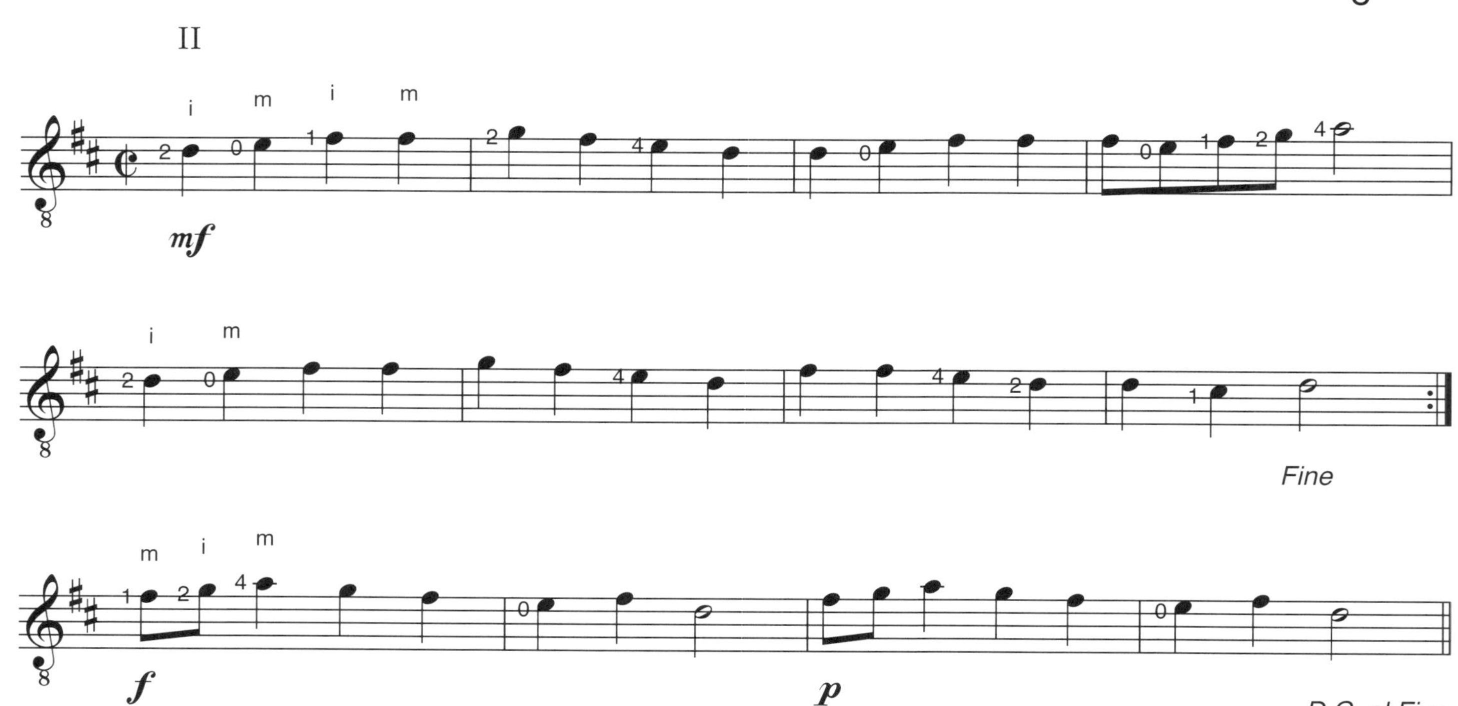

04 Canzone

Cosimo Antitomaso

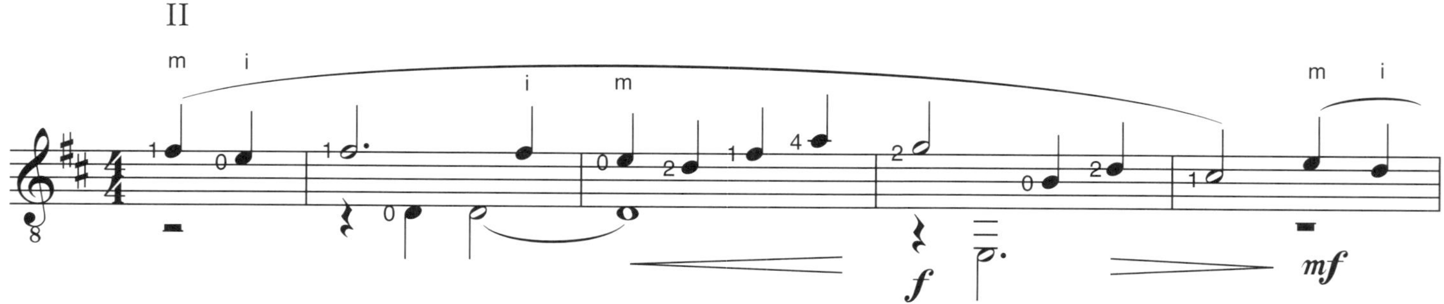

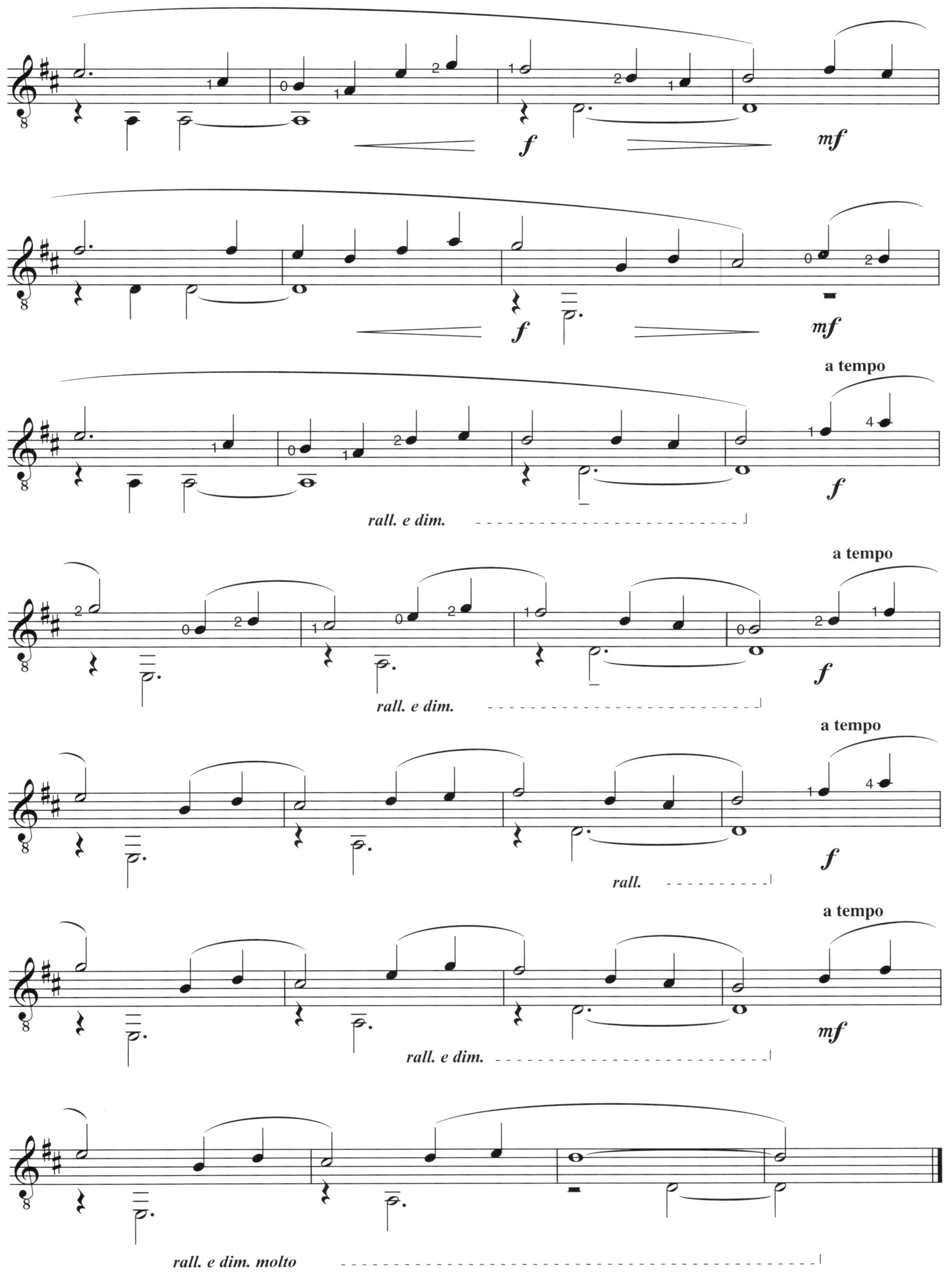

f
mf
f
mf
a tempo
rall. e dim.
f
a tempo
rall. e dim.
f
a tempo
rall.
f
a tempo
rall. e dim.
mf
rall. e dim. molto

Check-in

III. Lage

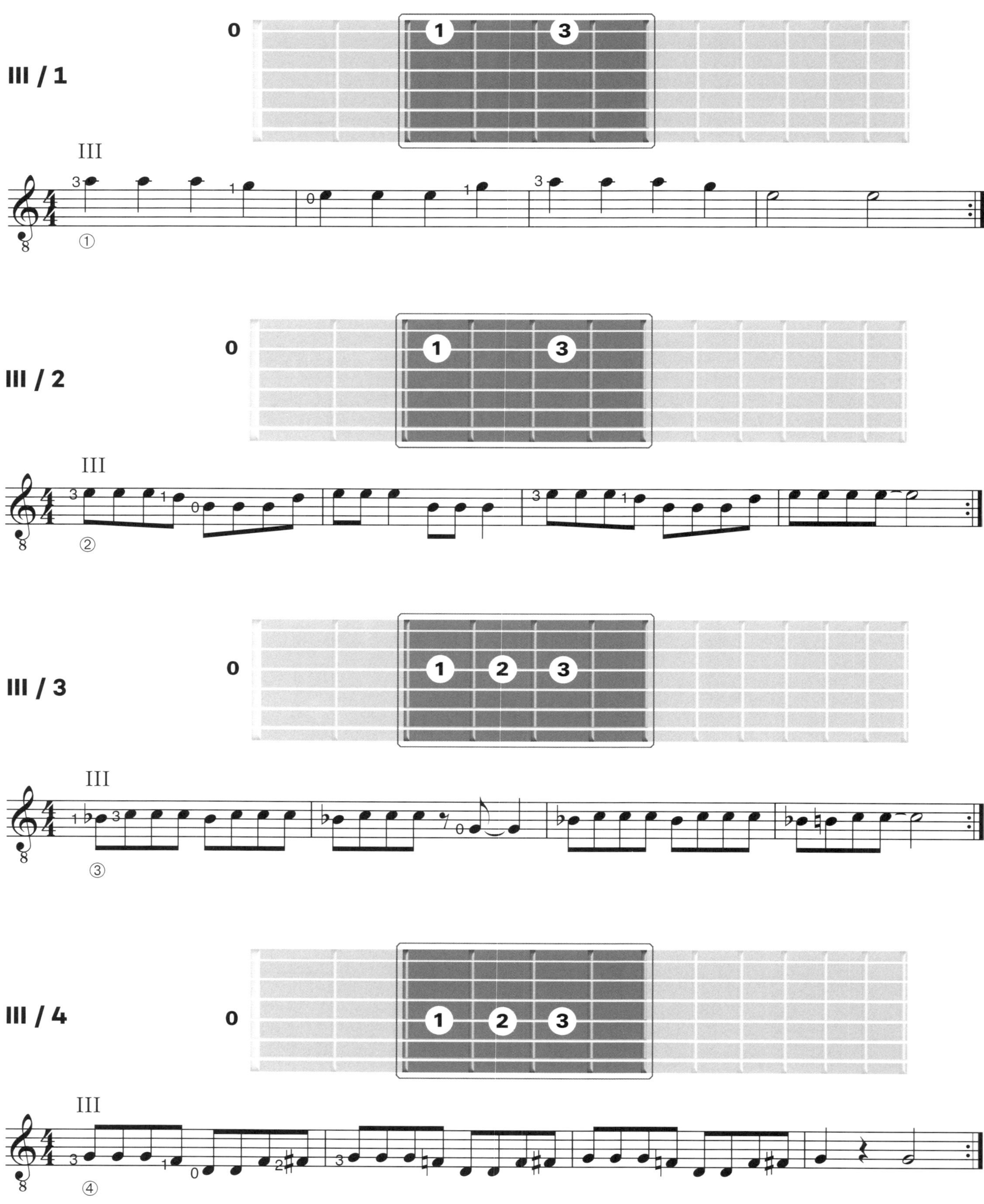

05 Wipe Out

The Surfaris

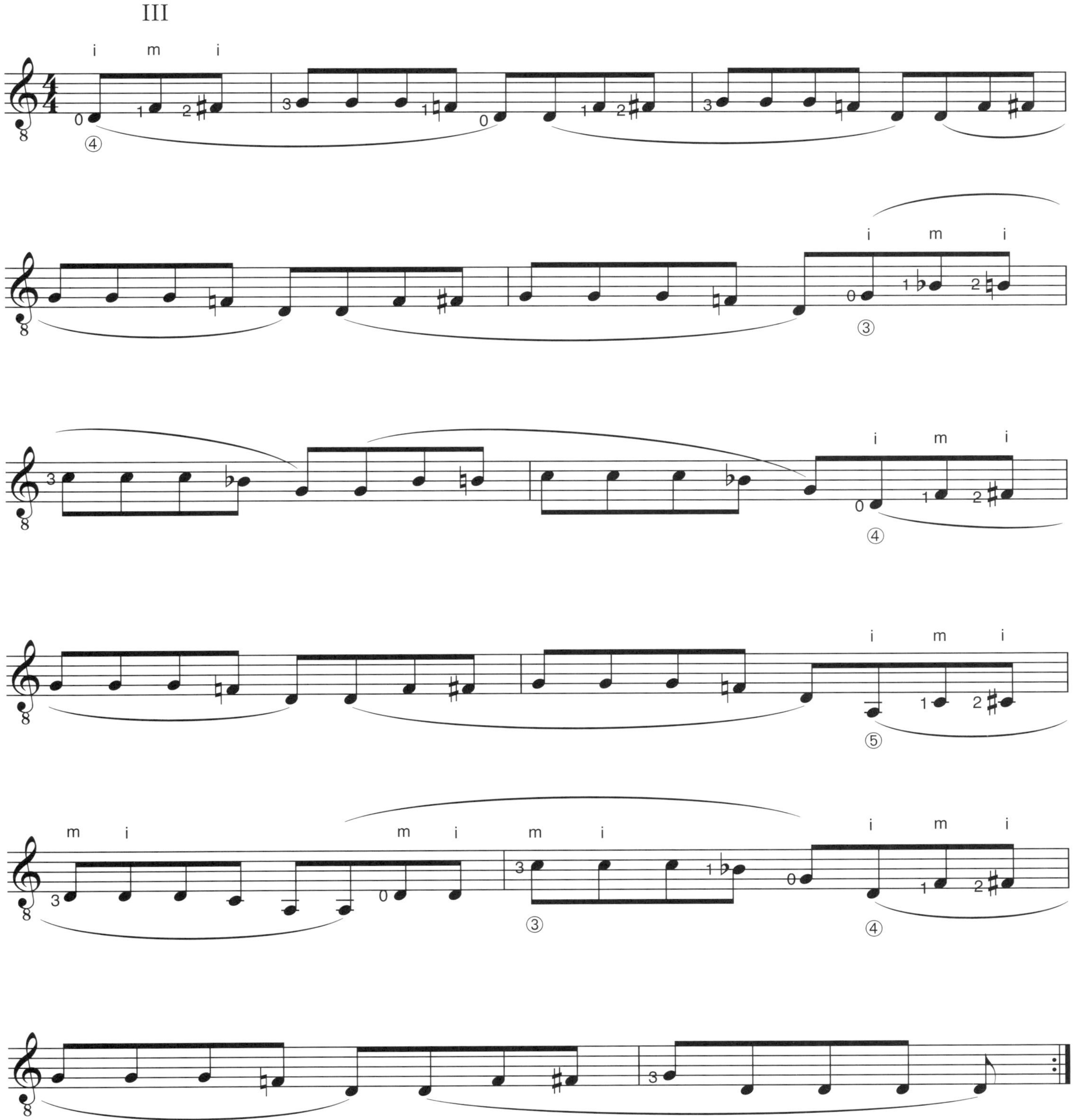

Music: James Fuller, Bob Berryhill, Pat Connolly & Ronald Wilson

Check-in

IV. Lage

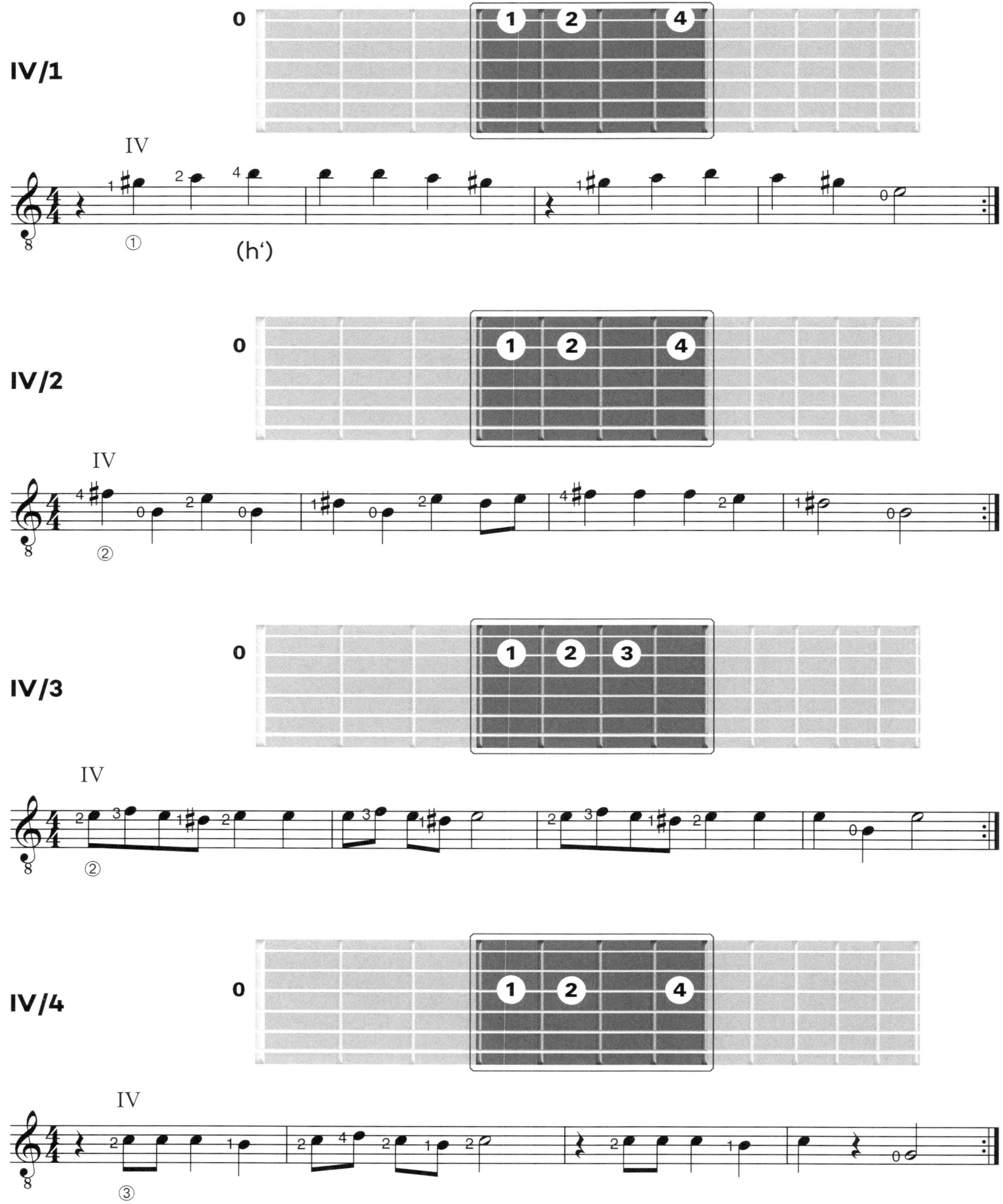

06 Balletto

Anonym

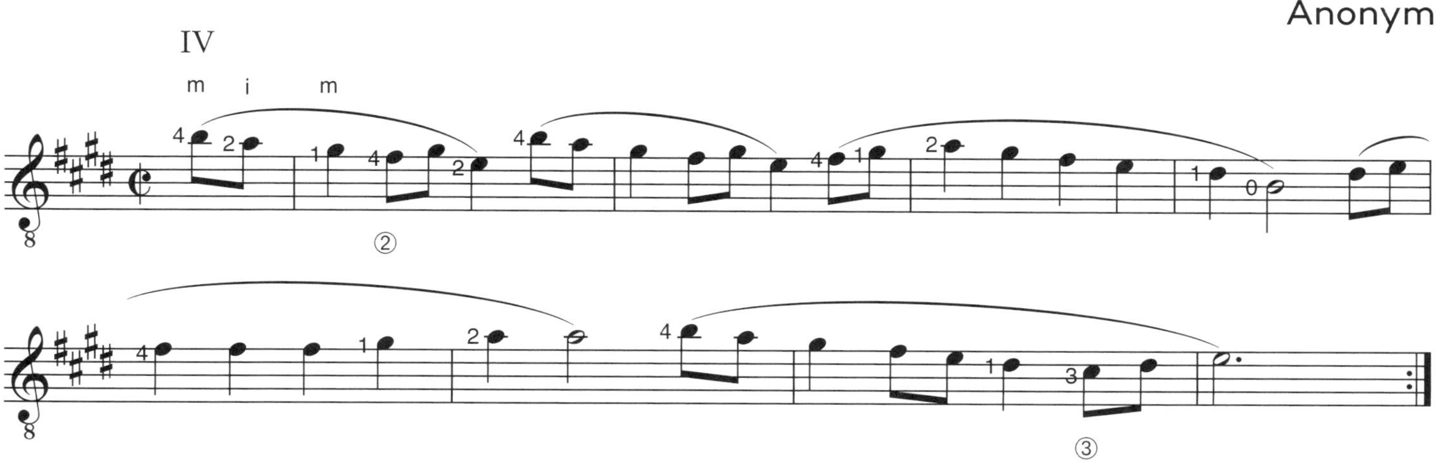

07 Der Schlangenkorb am Markt von Muapur

Michael Langer

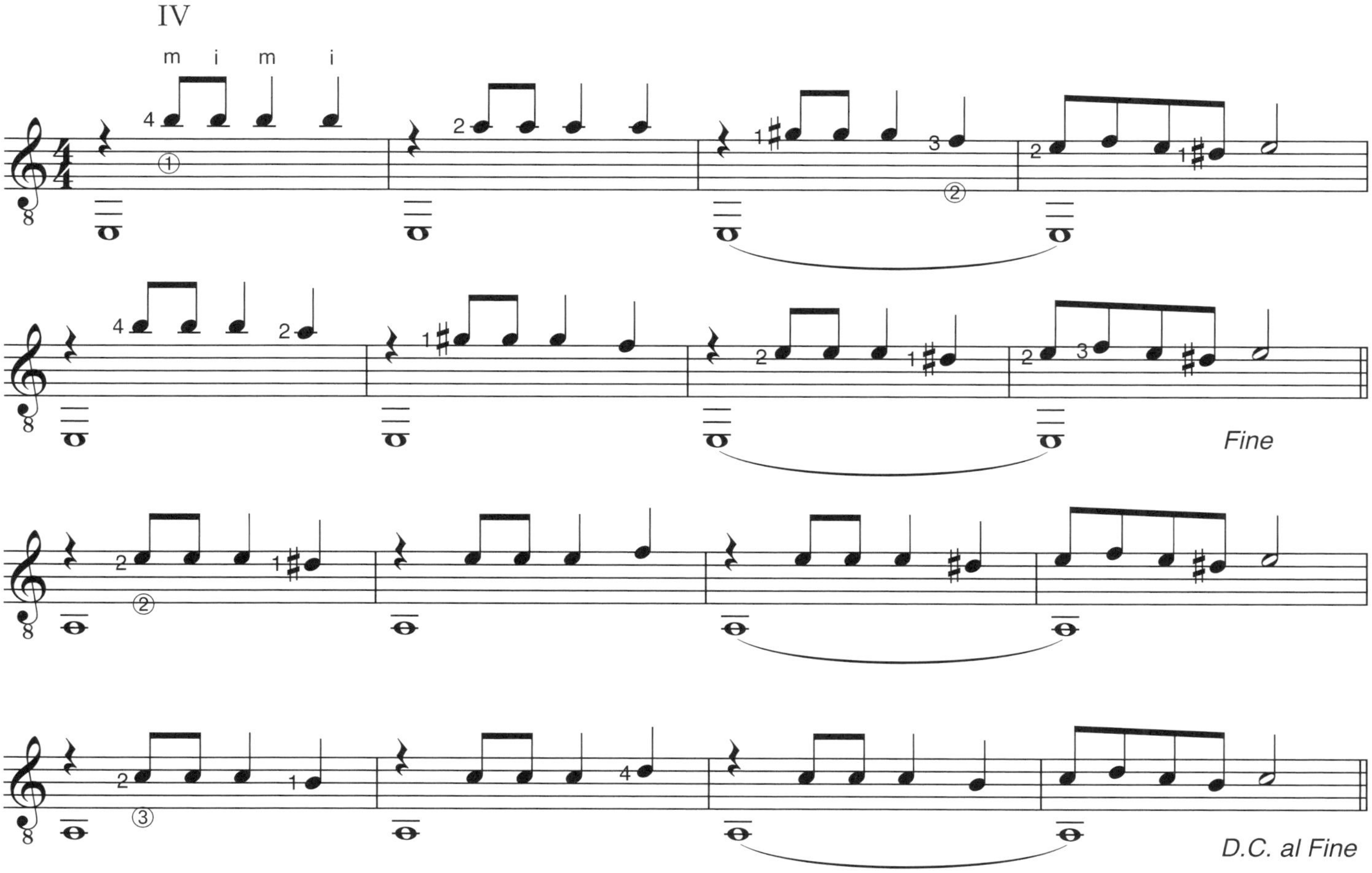

IV

m i m i

Fine

D.C. al Fine

Check-in

V. Lage

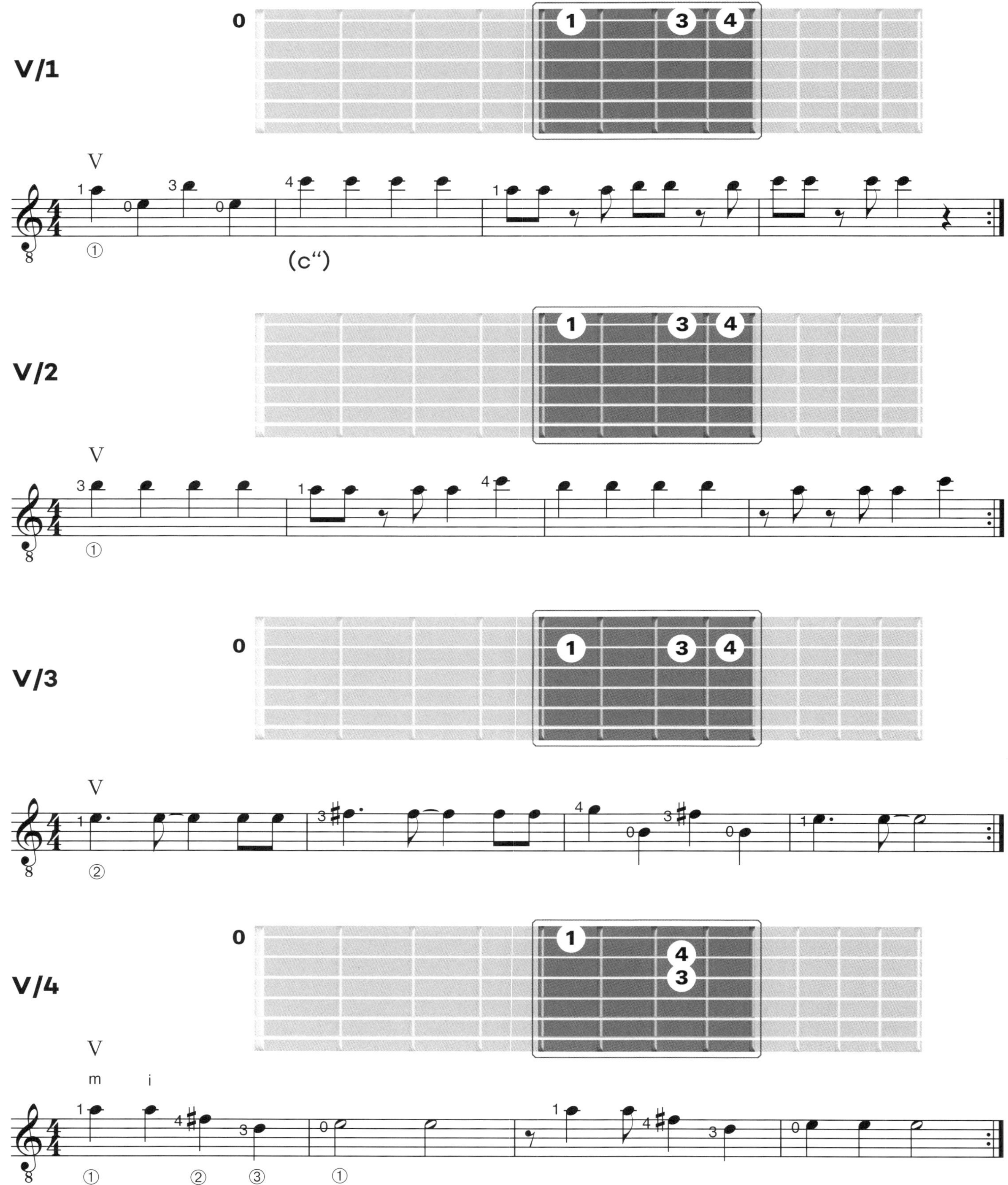

08 Cumbia (La Colegiala)

Walter León Aguilar

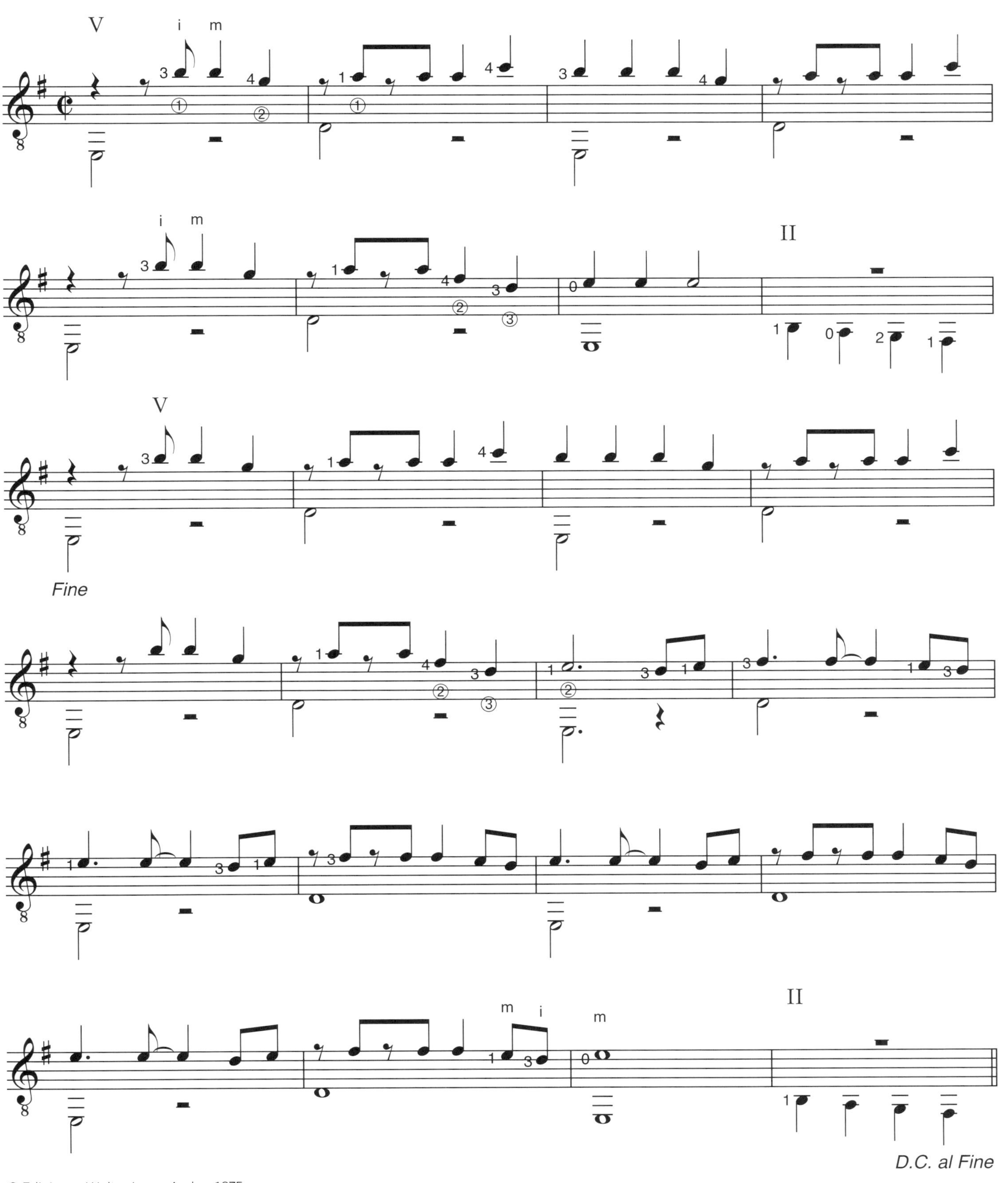

Check-in

VII. Lage

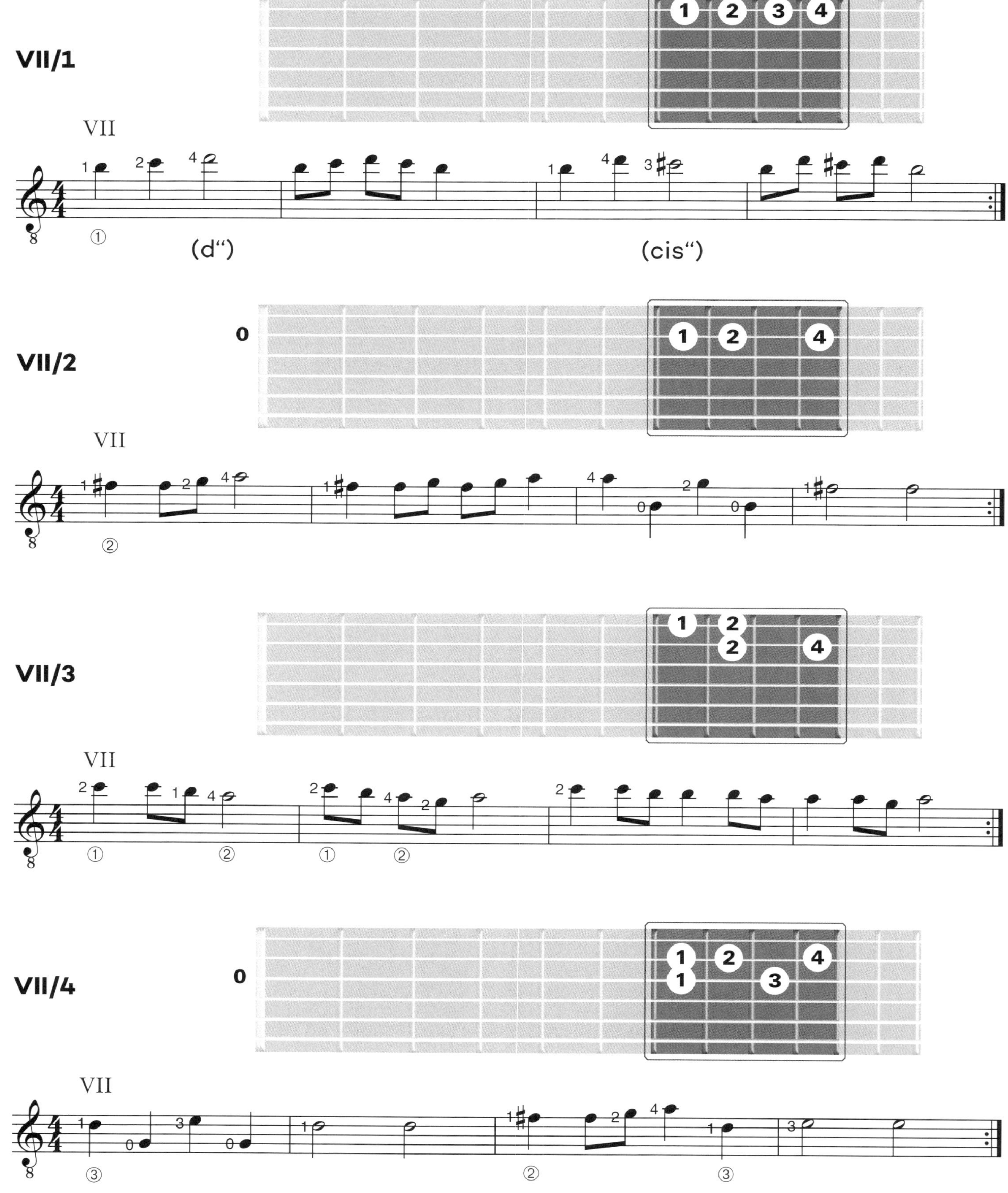

09 Jacob's Ladder

Vincent Lindsey-Clark

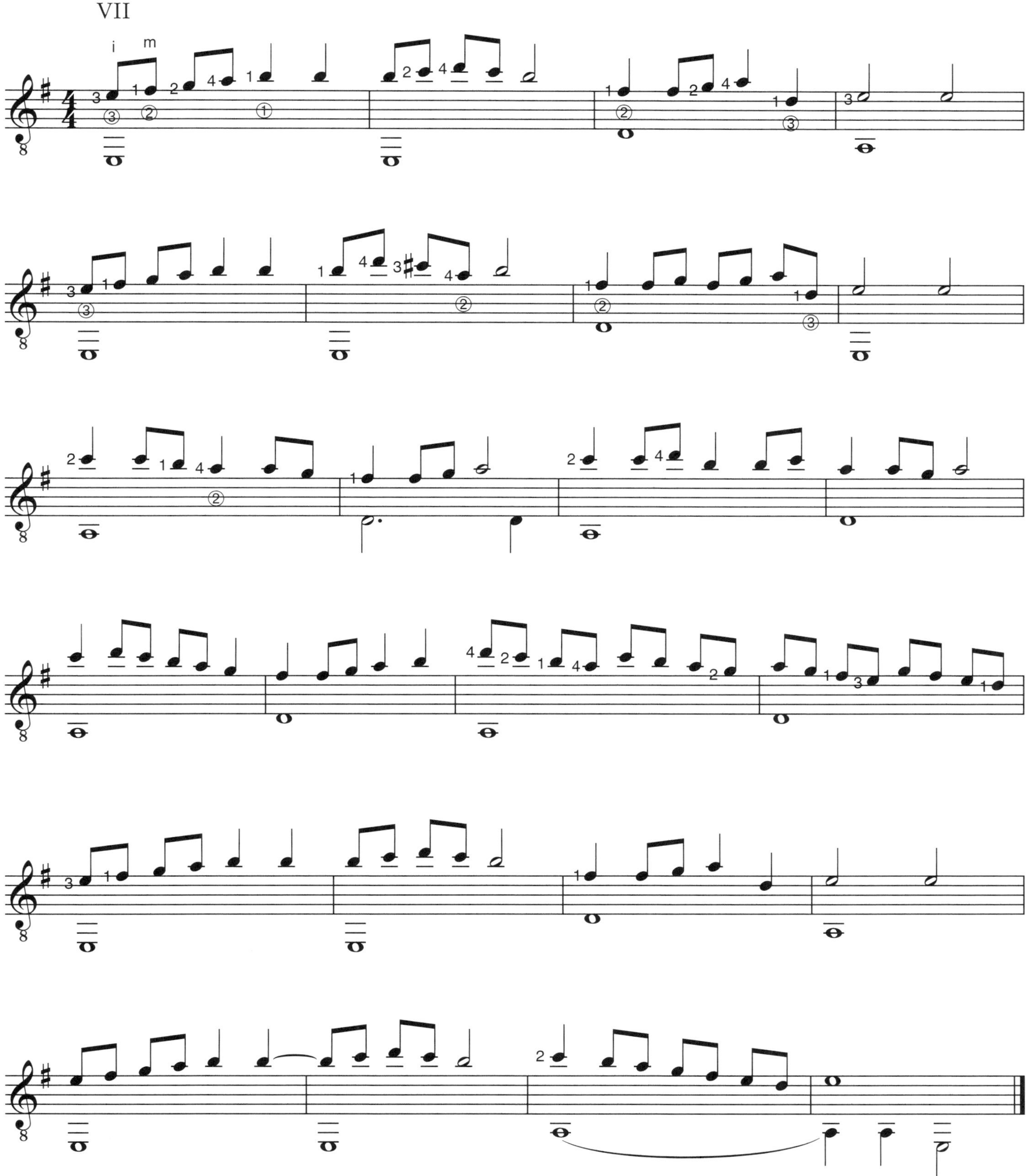

Check-in

IX. Lage

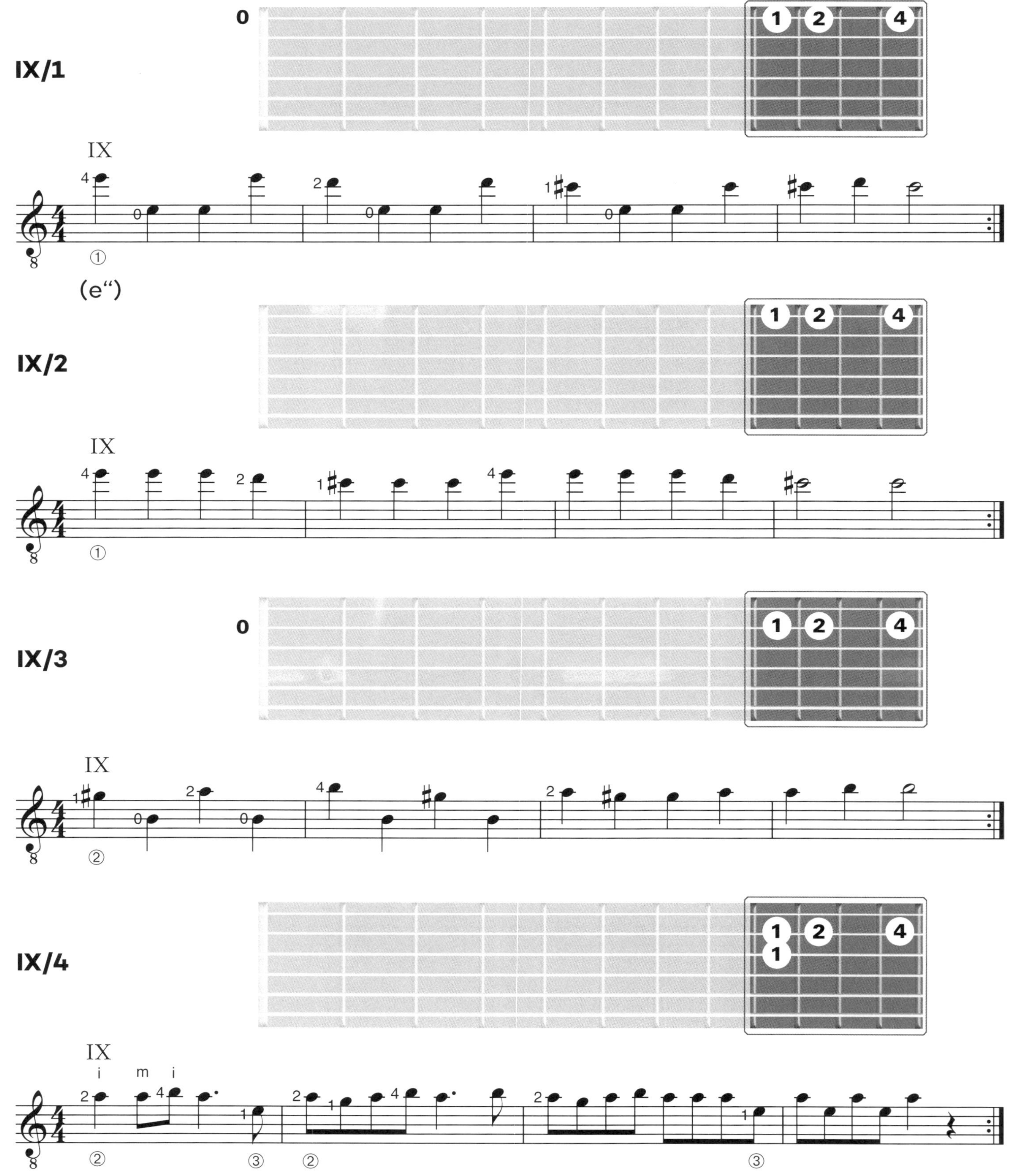

10 Über Stock und Stein

Michael Langer

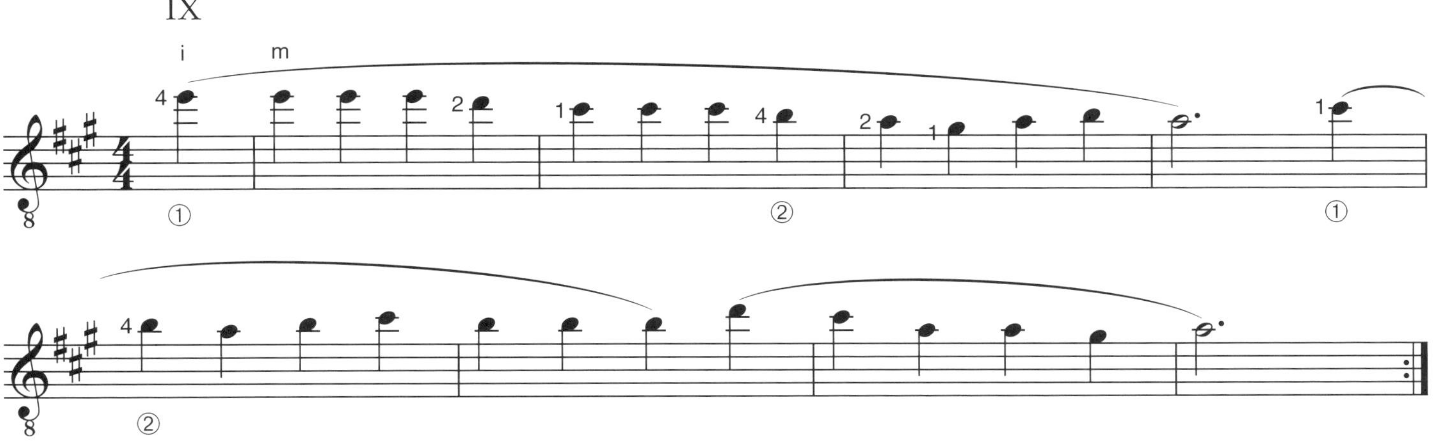

11 Rund herum

frei nach einem
Traditional aus Brasilien

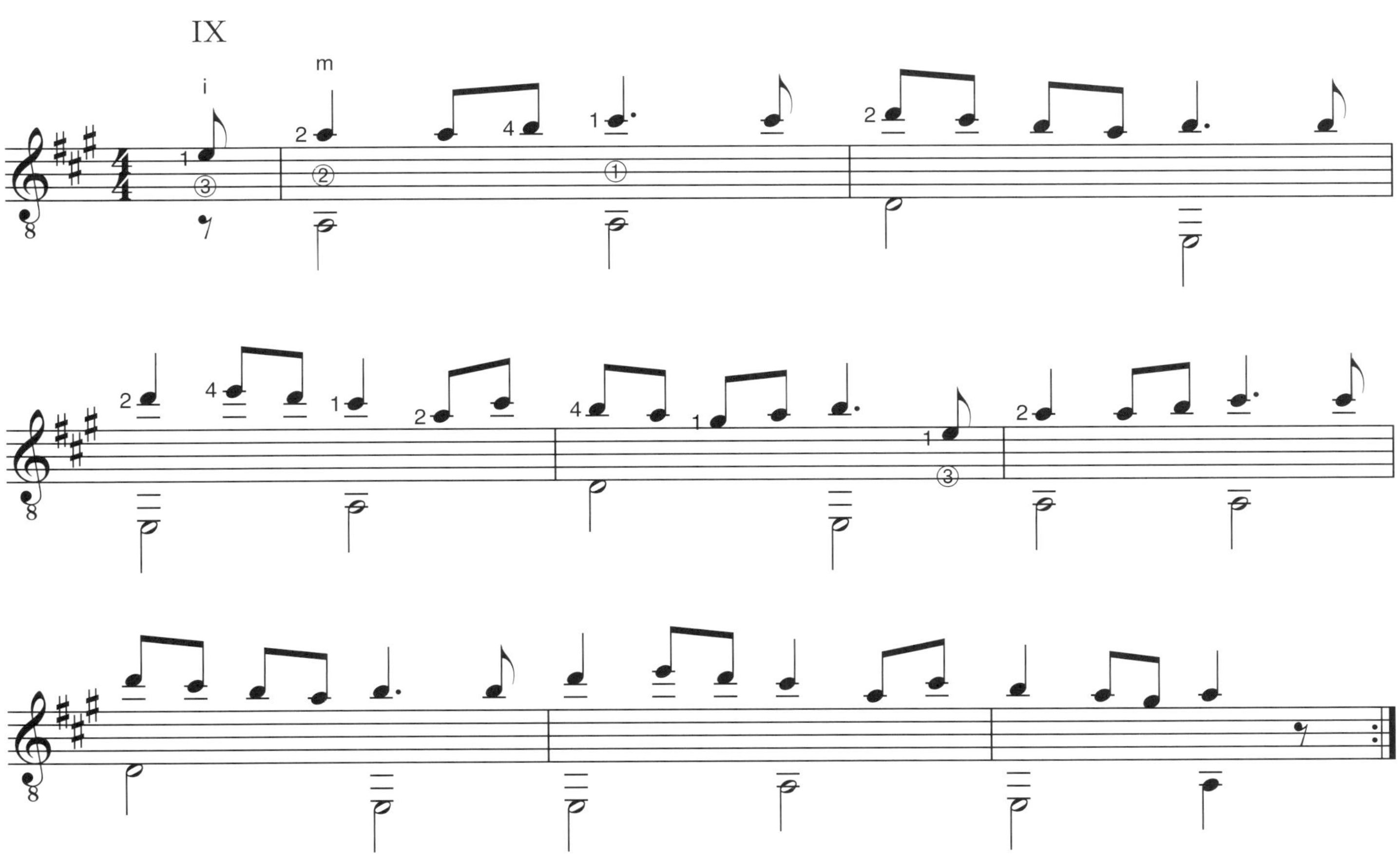

Powerstep 2

THEMA: **Zweistimmige Zerlegungen**

In den folgenden drei Powersteps dieses ersten Bandes beschäftigen wir uns mit der Entwicklung des Tirando-Spiels. Wir beginnen mit zweistimmigen Zerlegungen.
Für Gitarrist*innen, die mit Tirando-Anschlag (ohne Anlegen) begonnen haben, ist es eigentlich nur eine Weiterführung der unechten Zweistimmigkeit - gerade in Step 1 wiederholt - mit vielen leeren Saiten und einfachen Griffen.
Für Spieler*innen, die mit Apoyando-Anschlag (mit Anlegen) begonnen haben, ist es ein großer Schritt in die gitarristische Zukunft. Um diesen zu erleichtern, haben wir am Anfang Stücke ausgewählt, die viele Passagen auf benachbarten Saiten beinhalten, wo beide Stimmen ineinanderklingen sollen. Ein Anlegen in der Ober- bzw. Unterstimme wäre nicht sinnvoll und auch gar nicht so leicht zu bewältigen.

Für den Fingersatz der rechten Hand bei zweistimmigen Zerlegungen gibt es mehrere Konzepte. Zum einen konsequent die Oberstimme mit i, die Unterstimme mit p zu spielen. Zum anderen eine passende Grundposition einzunehmen und dann jedem Finger eine bestimmte Saite zuzuordnen.
Wir haben einen Mittelweg gewählt, um das Wechselschlag-Prinzip nicht abrupt über Bord zu werfen: Ausgangspunkt ist die Zerlegung p-i. Bei aufeinanderfolgenden Melodienoten und dominanten Saitenwechseln hilft der Mittelfinger mit.

ÜBETIPP: Benutze diese einfachen Stücke auf benachbarten Saiten, um eine gute Tirando-Technik zu erlernen! Es geht um eine gute Balance in der rechten Hand: Der Daumen schlägt aus dem Grundgelenk an, die anderen Finger ziehen in die Hand hinein, in Richtung Pulspunkt. Die Hand bleibt ruhig und entspannt.

ZIELE: Klangvolles, lockeres Tirando-Spiel

12 Behutsam

Michael Langer

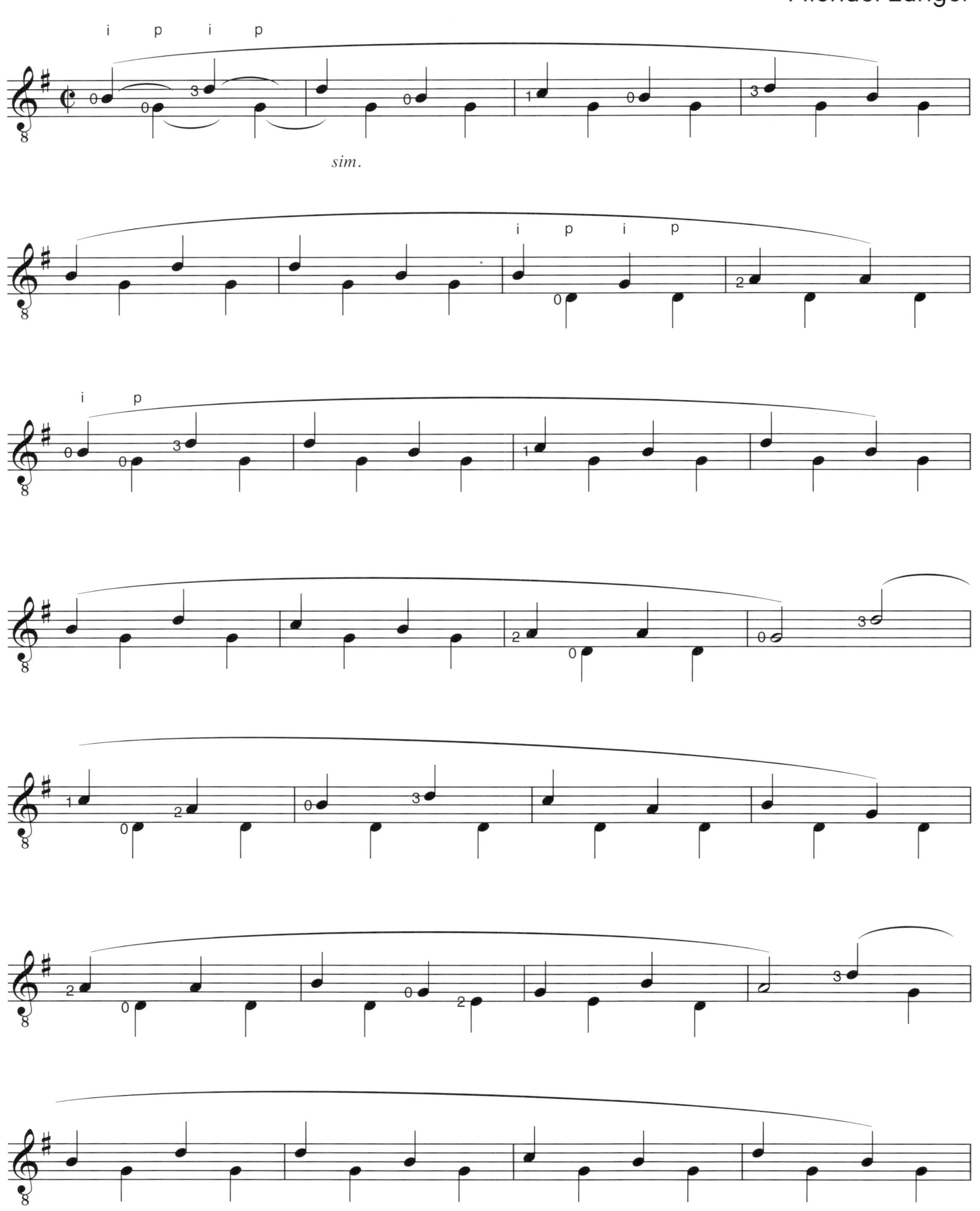

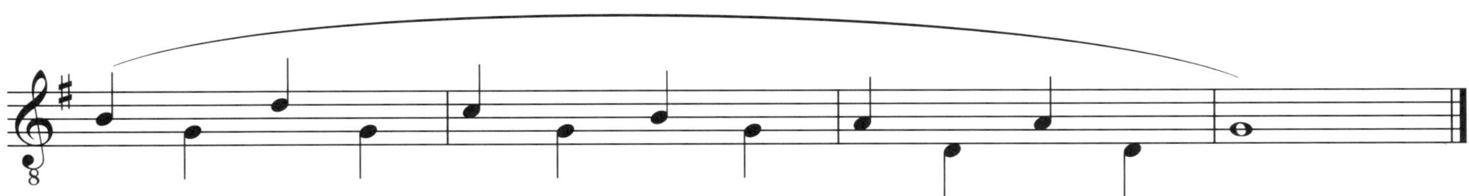

13 Die Prinzessin dreht sich

Michael Langer

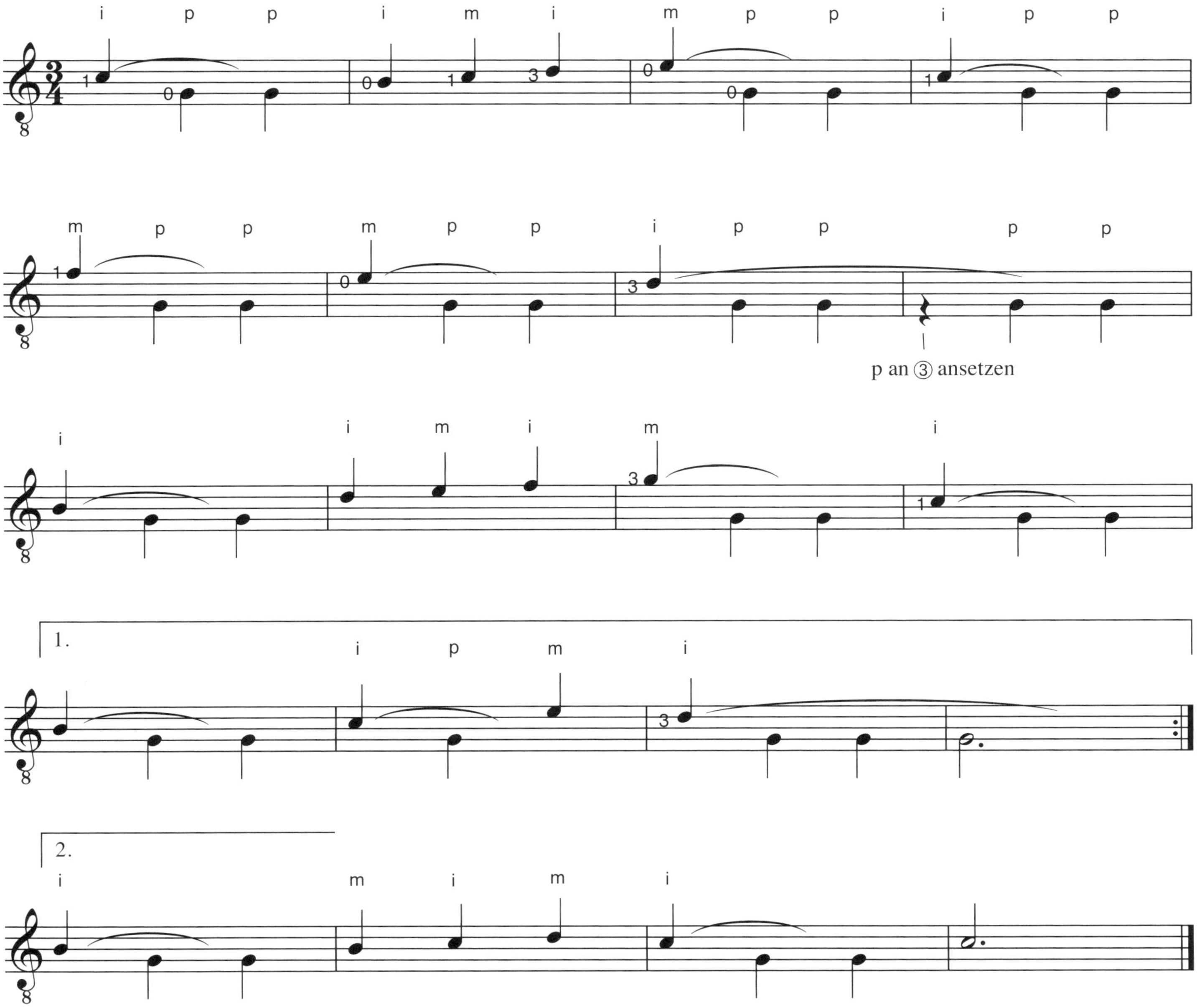

p an ③ ansetzen

1.

2.

14 Eine kleine Zupfmusik

Michael Langer

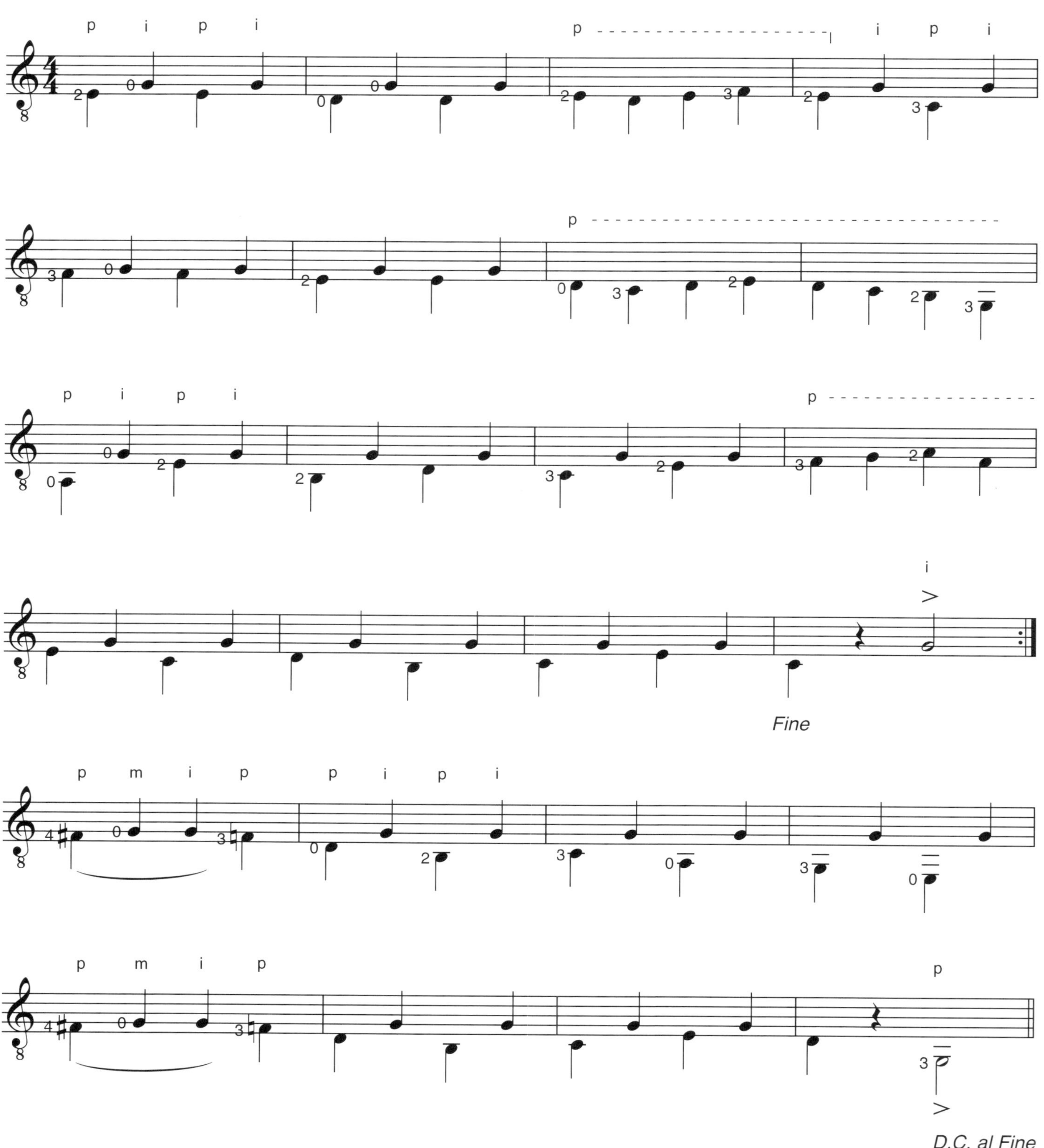

15 Pa-na-ma, Pa-na-ma, Ku-ba

Michael Langer

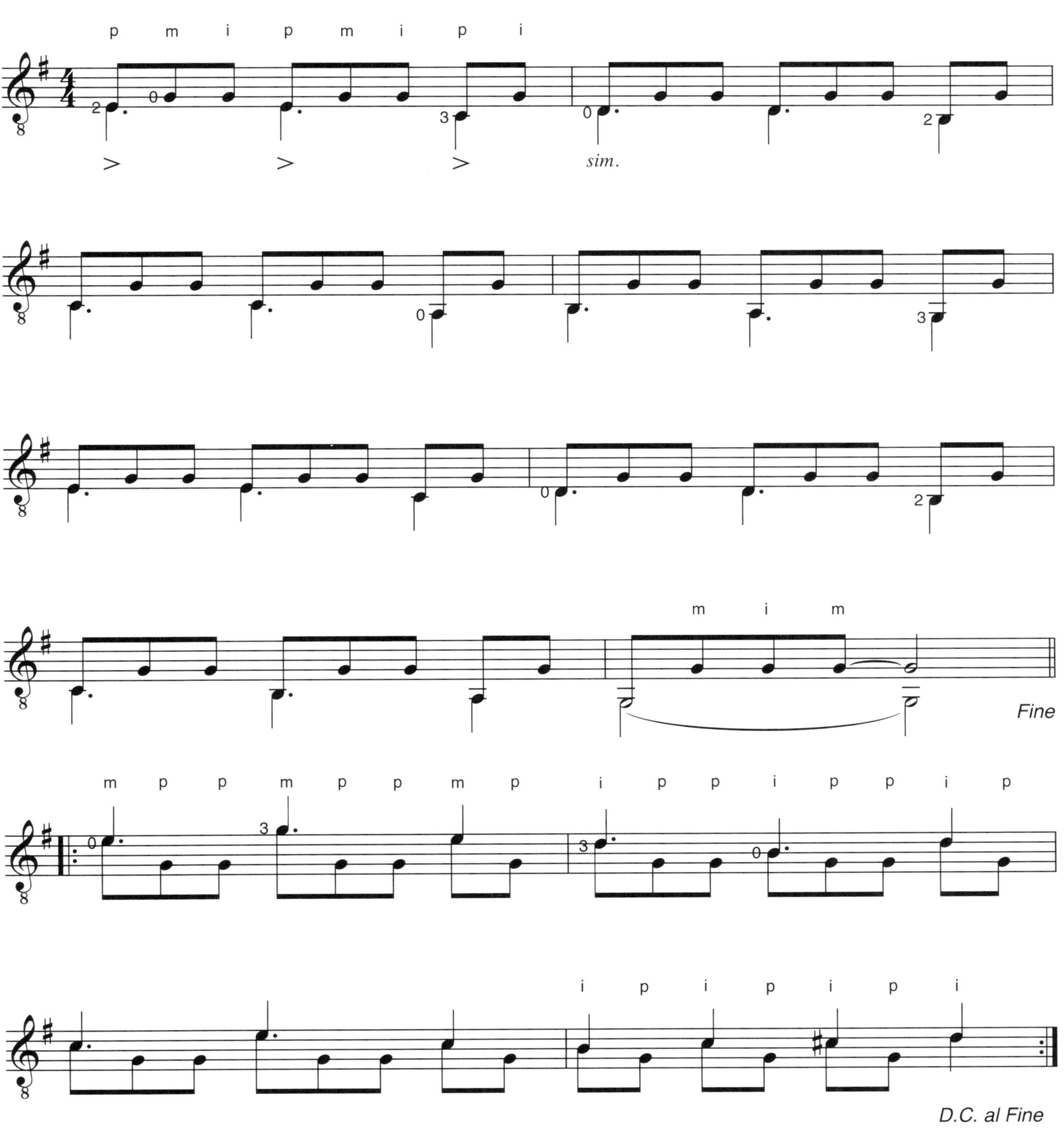

16 A Million Dreams

The Greatest Showman

Pink

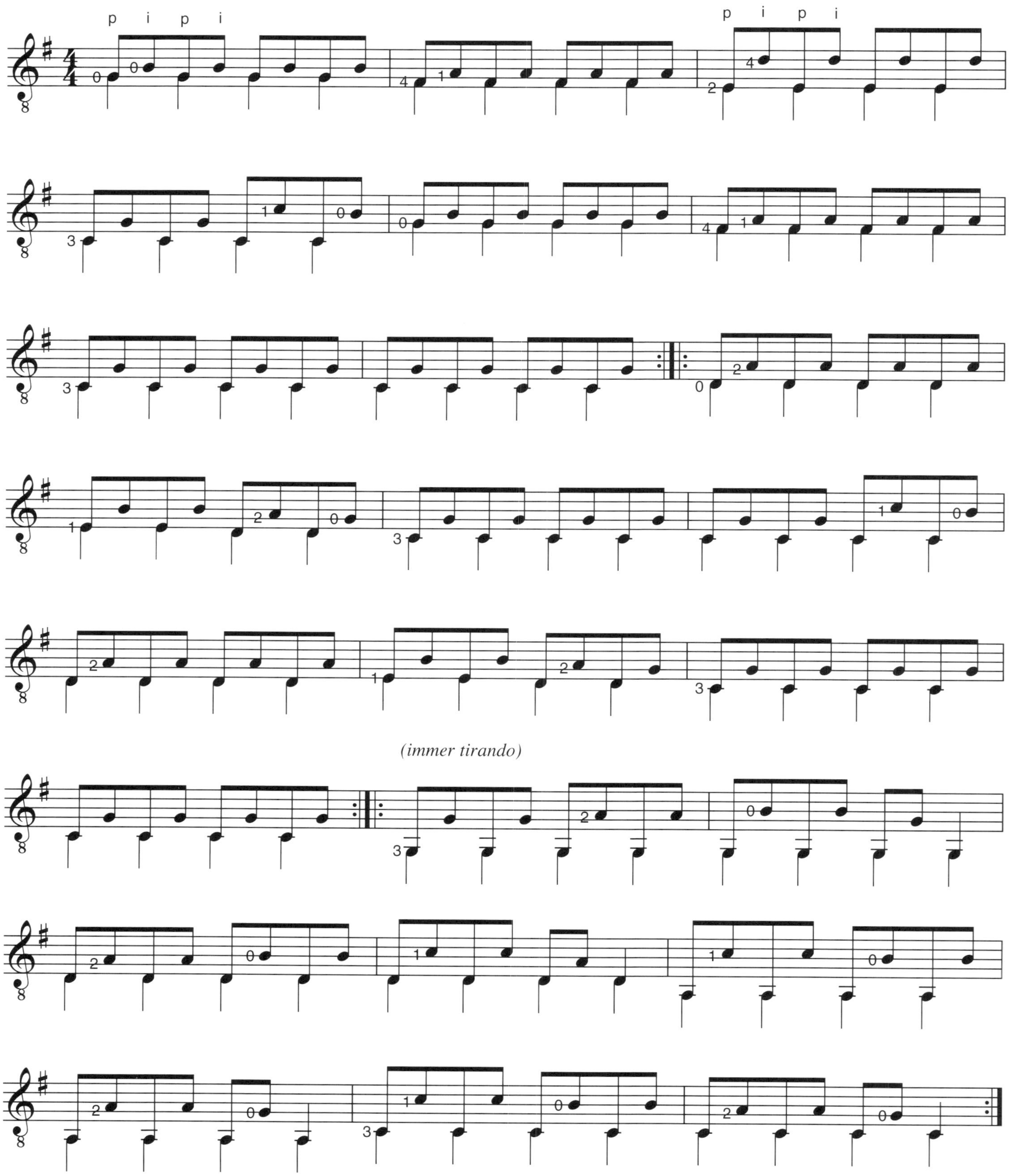

p i p i

p i p i

(immer tirando)

17 Boogie Exercise

Langer/Neges

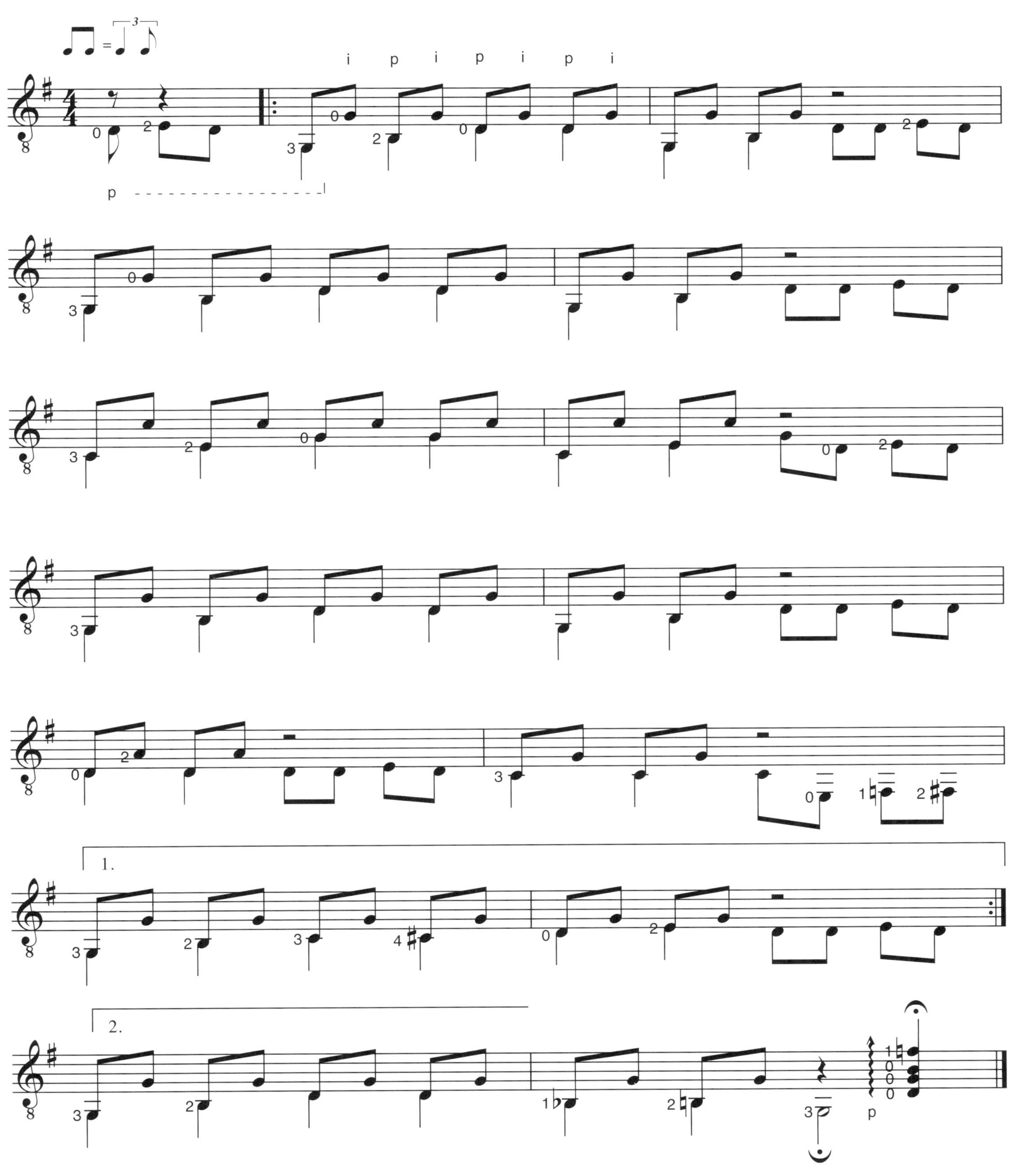

Powerstep 3

THEMA: **Dreistimmige Zerlegungen**

Als nächster Schritt in der Entwicklung des Tirando-Spiels beschäftigen wir uns mit dreistimmigen Zerlegungen: Der zugrundeliegende Fingersatz ist p - i - m.
Wir sind überzeugt davon, dass der beste Einstieg in das Tirando-Spiel (ohne Anlegen) die Liedbegleitung ist: Die Anforderungen für die linke Hand sind gering, da man immer nur einen Akkord greift, die Finger der rechten Hand spielen ein Zupfmuster auf meist gleichbleibenden Saiten.
Deswegen steht am Ende unserer Anfängerschule „Play Guitar Junior" auch ein „Workshop Liedbegleitung", beginnend mit dreistimmigen Zerlegungen und einfachen Griffen.
Powerstep 3 ist die direkte Fortsetzung dazu: Hier wirst du Solostücke mit einfacher harmonischer Struktur finden. Anfangs hat der Fingersatz für die rechte Hand eine fixe Zuordnung, wie bei einer Liedbegleitung: m auf der 2. Saite, i auf der 3. Saite, der Daumen spielt die Basstöne auf den Basssaiten. Nach und nach kommen dann immer mehr melodische Elemente hinzu.

ÜBETIPP: Hinter unseren dreistimmigen Zerlegungen steht immer ein dreistimmiger Akkord. Bitte schlage den Akkord auch gleichzeitig an, um ihn gleichsam „als Ganzes" zu erkennen.
Jetzt konzentriere dich auf die Wechsel zwischen diesen Akkorden. Gemeinsame Töne können weiterklingen: Falls das gegriffene Töne sind, sollen die Finger liegen bleiben. Umgekehrt, wenn leere Saiten (und da sind die Bässe „hauptverdächtig") weiterklingen und nicht zum nächsten Akkord passen, sollten sie abgedämpft werden.

ZIELE: Weiterführung des zweistimmigen Tirando-Spiels aus Step 2 in die Dreistimmigkeit. Sicheres und bewusstes Umgreifen der zerlegten Akkorde.

18 Monasterio Alfredo

Michael Langer

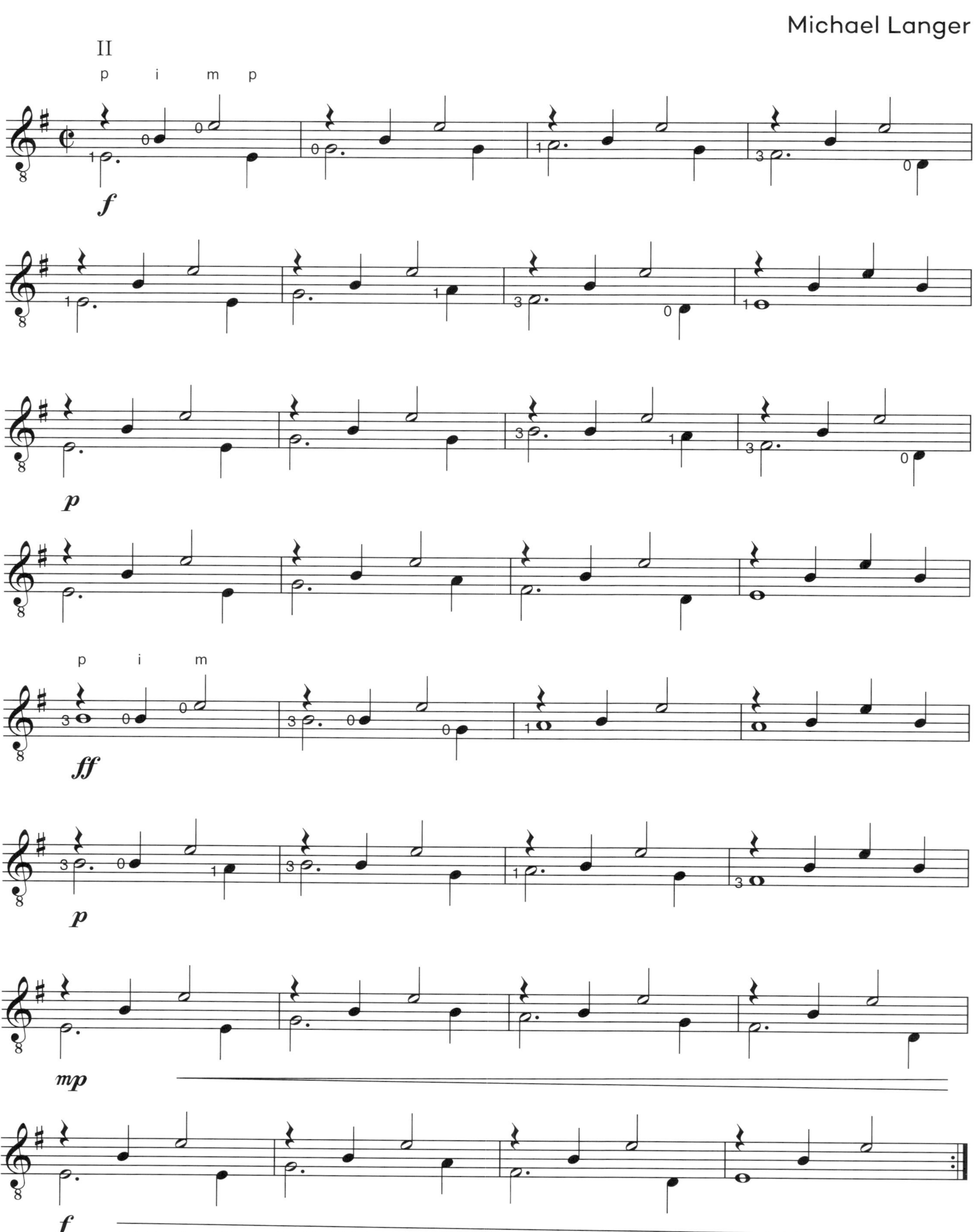

19 Time Out for Joe

Michael Langer

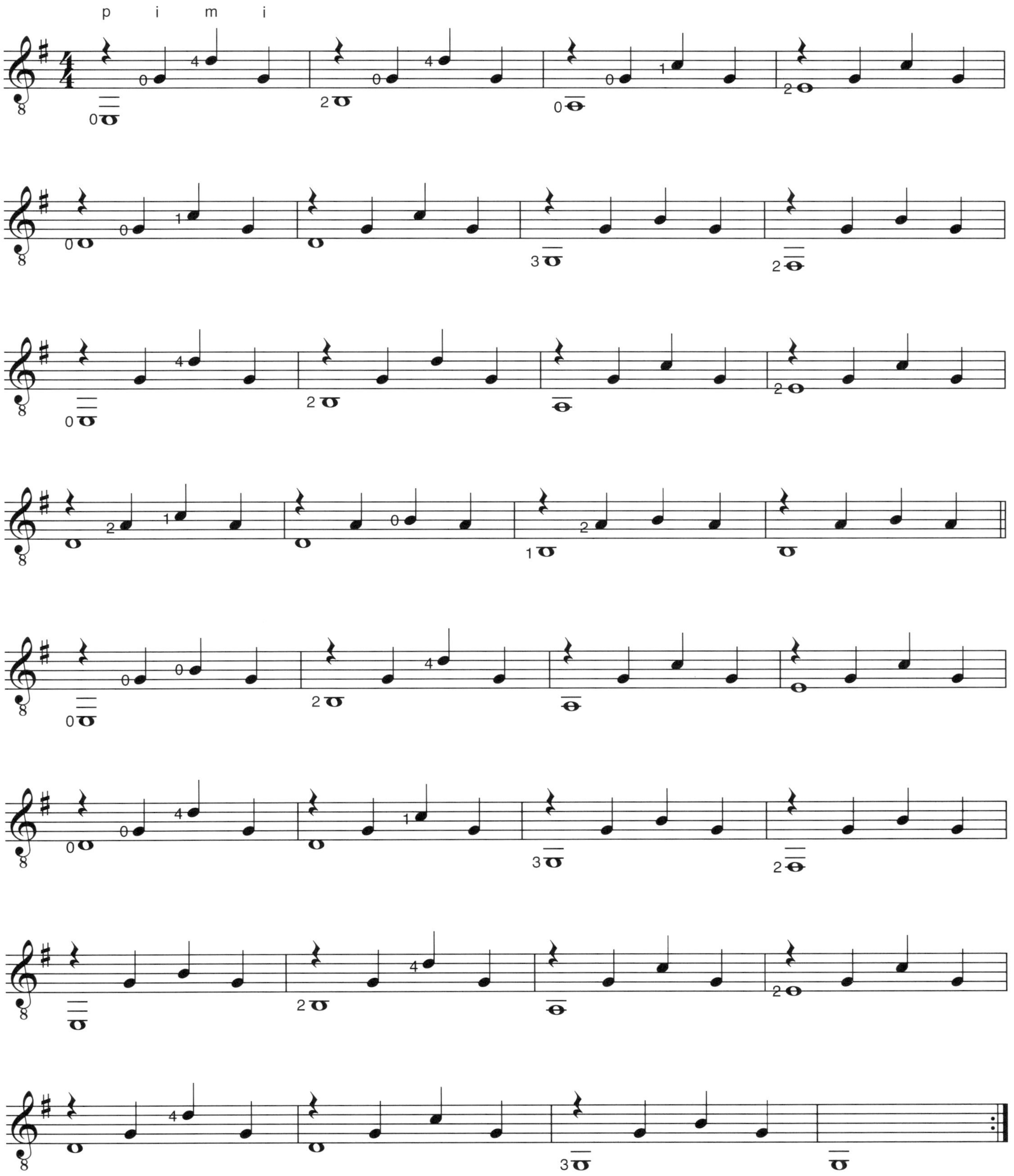

The Elvis Concert
A 3-part String Tribute

Michael Langer

20 Part I

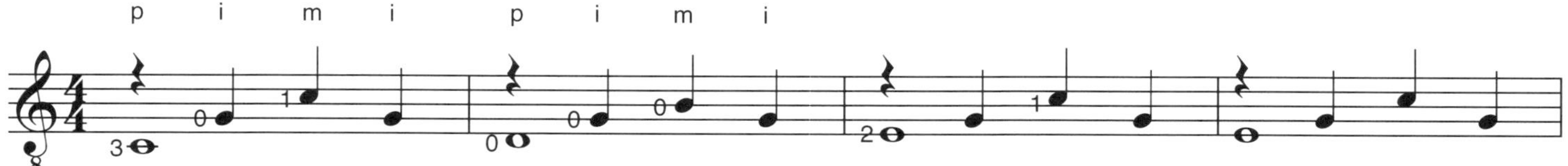

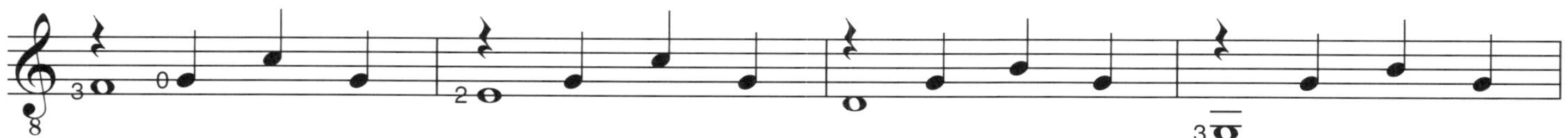

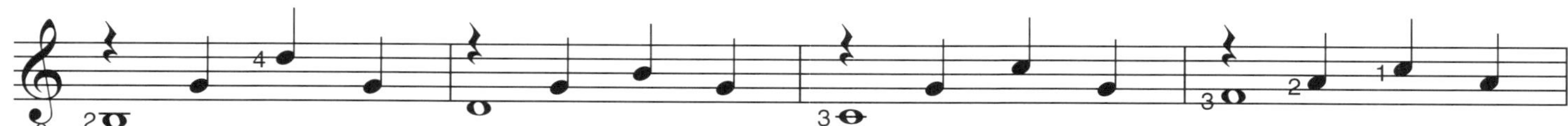

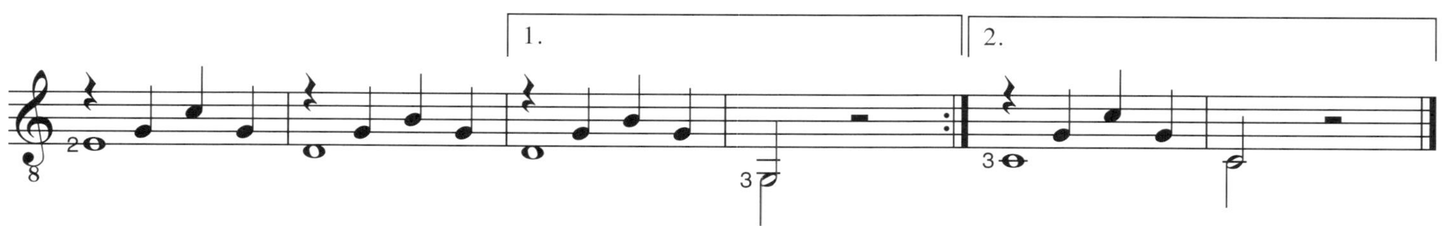

21 Part II

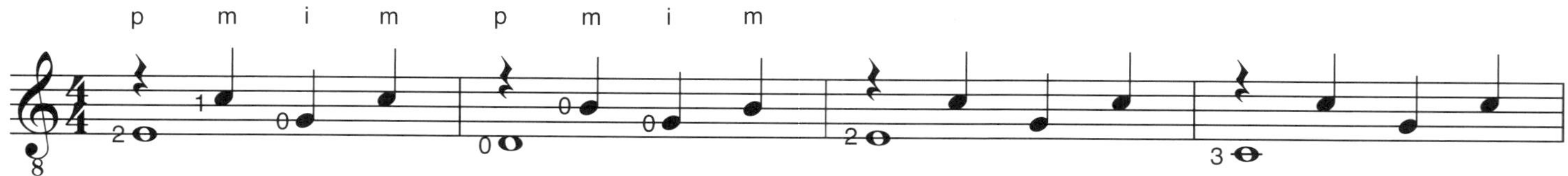

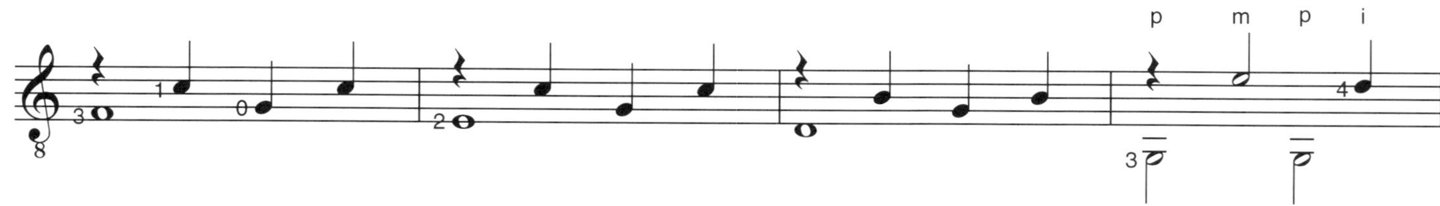

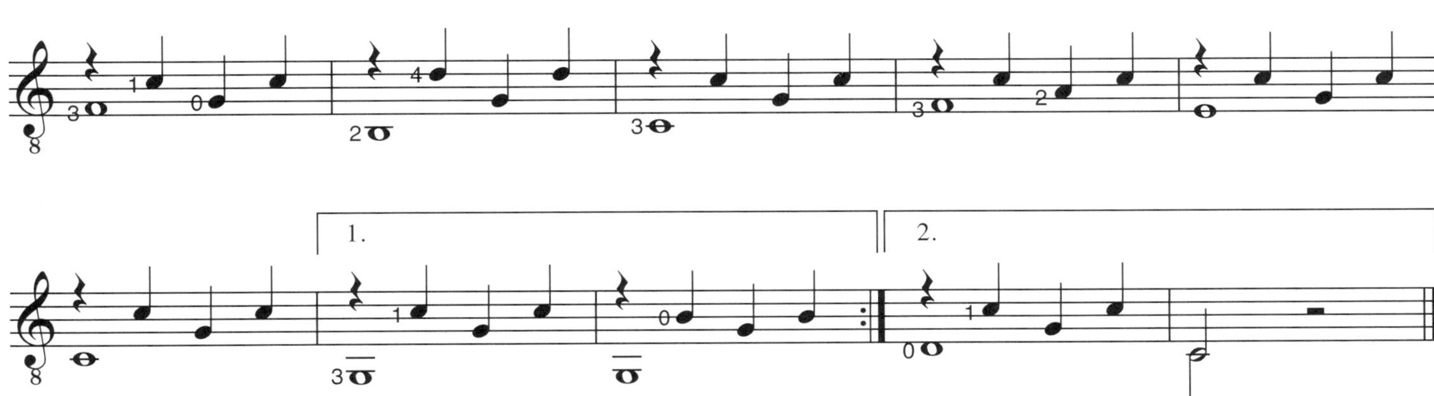

22 Part III

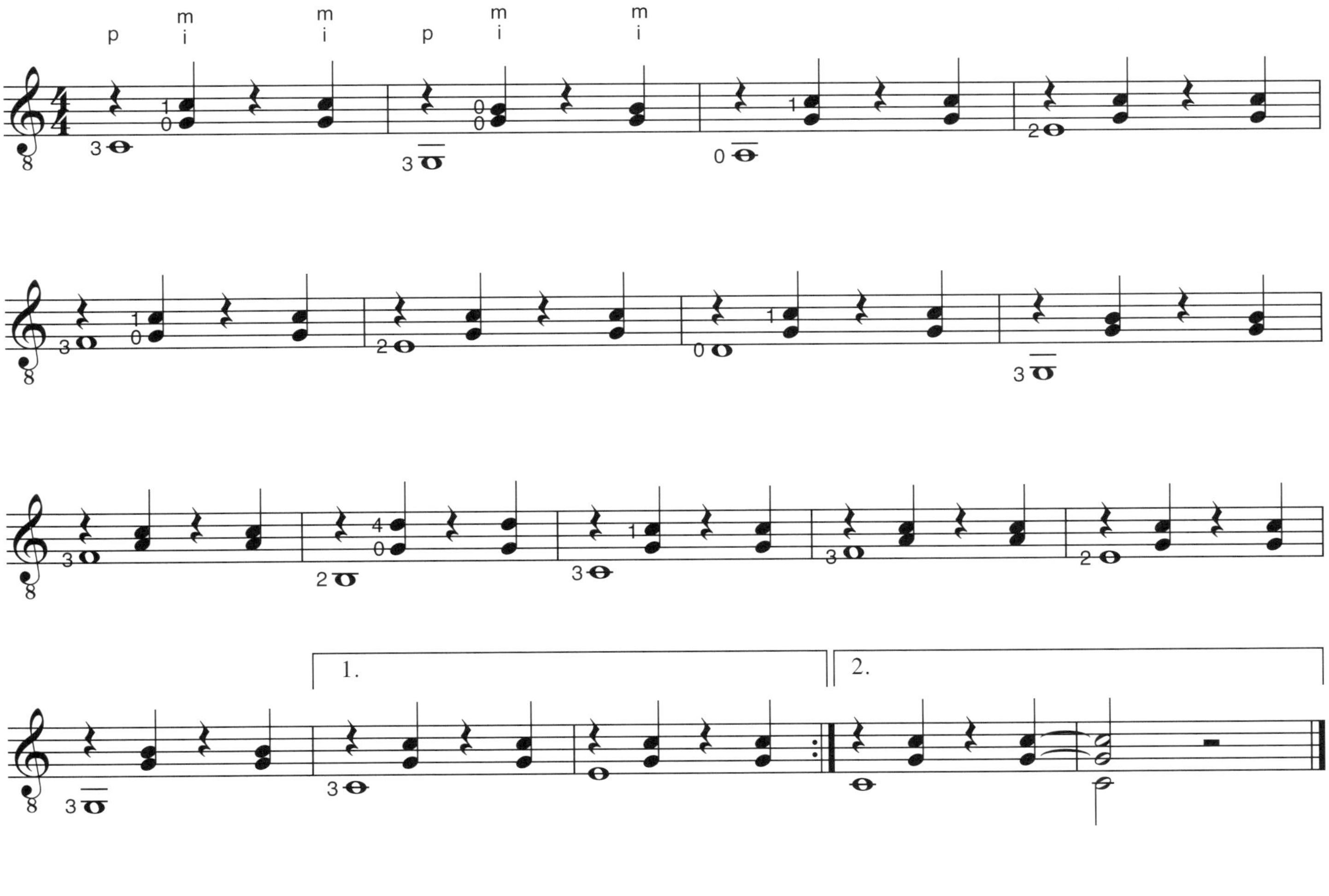

23 A Message to Ed

Michael Langer

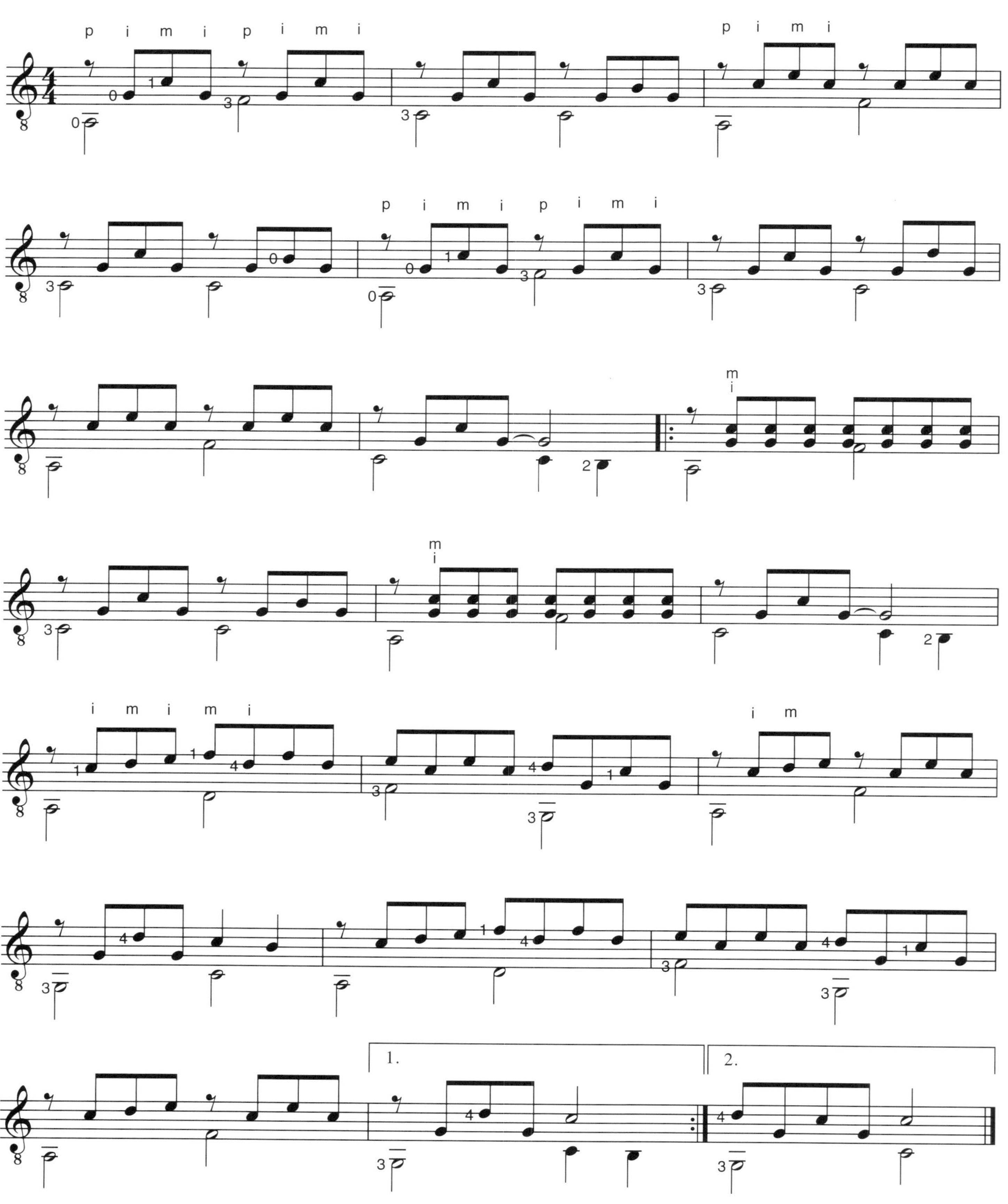

24

Leccion Nr. 61

Julio Sagreras

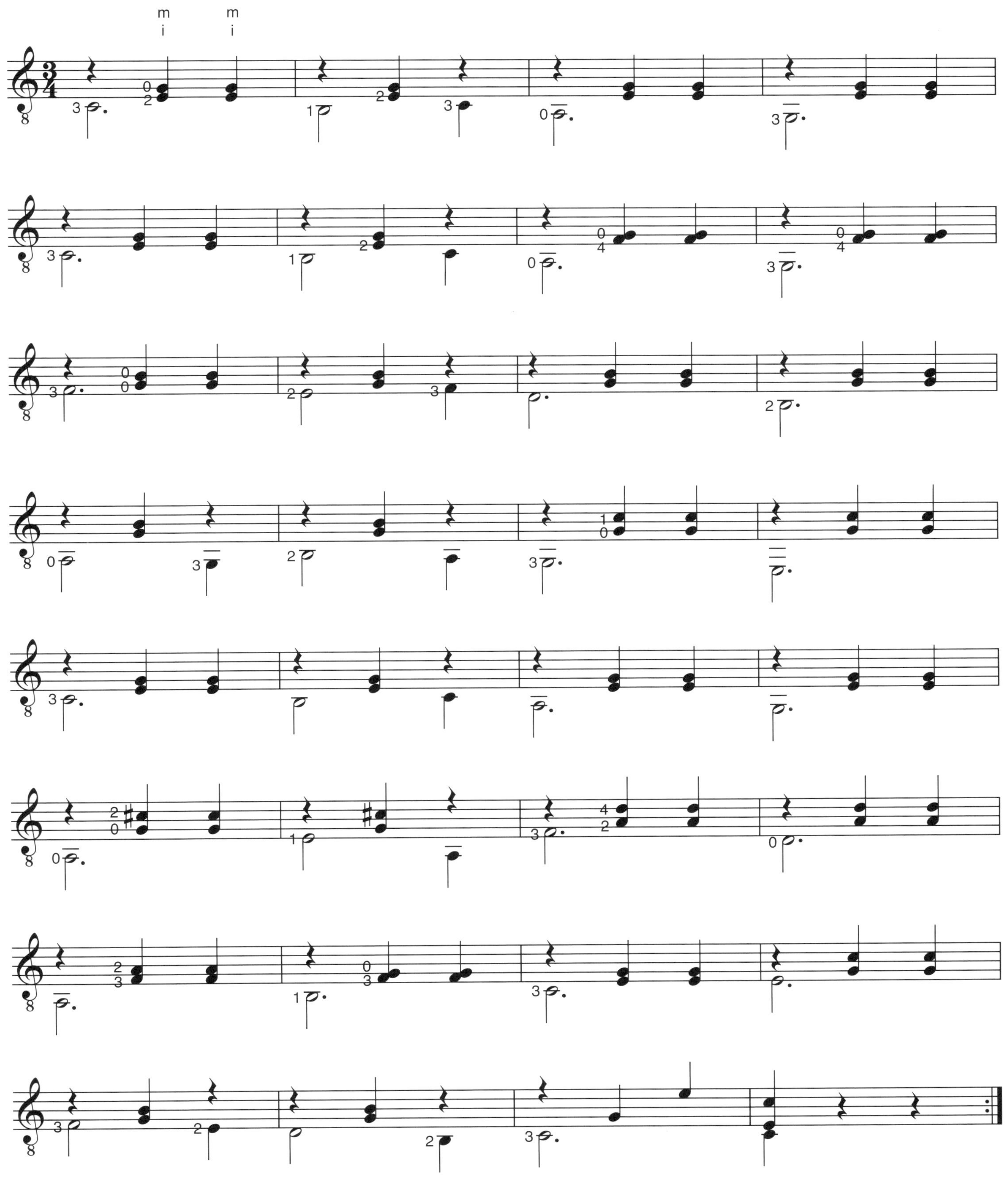

25

Short Piece No. 1

Nathan Kolosko

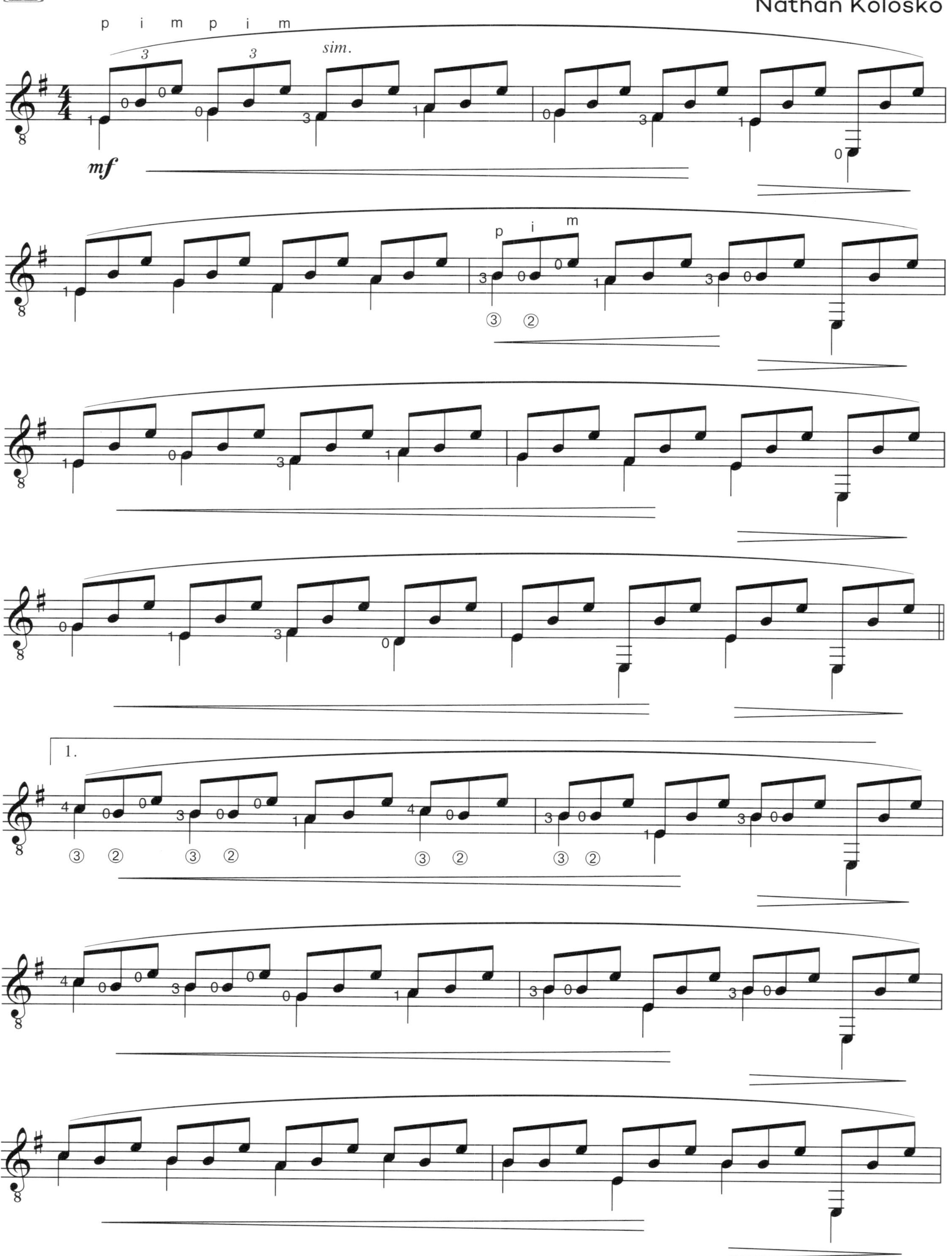

26 Ronaldinho

Michael Langer

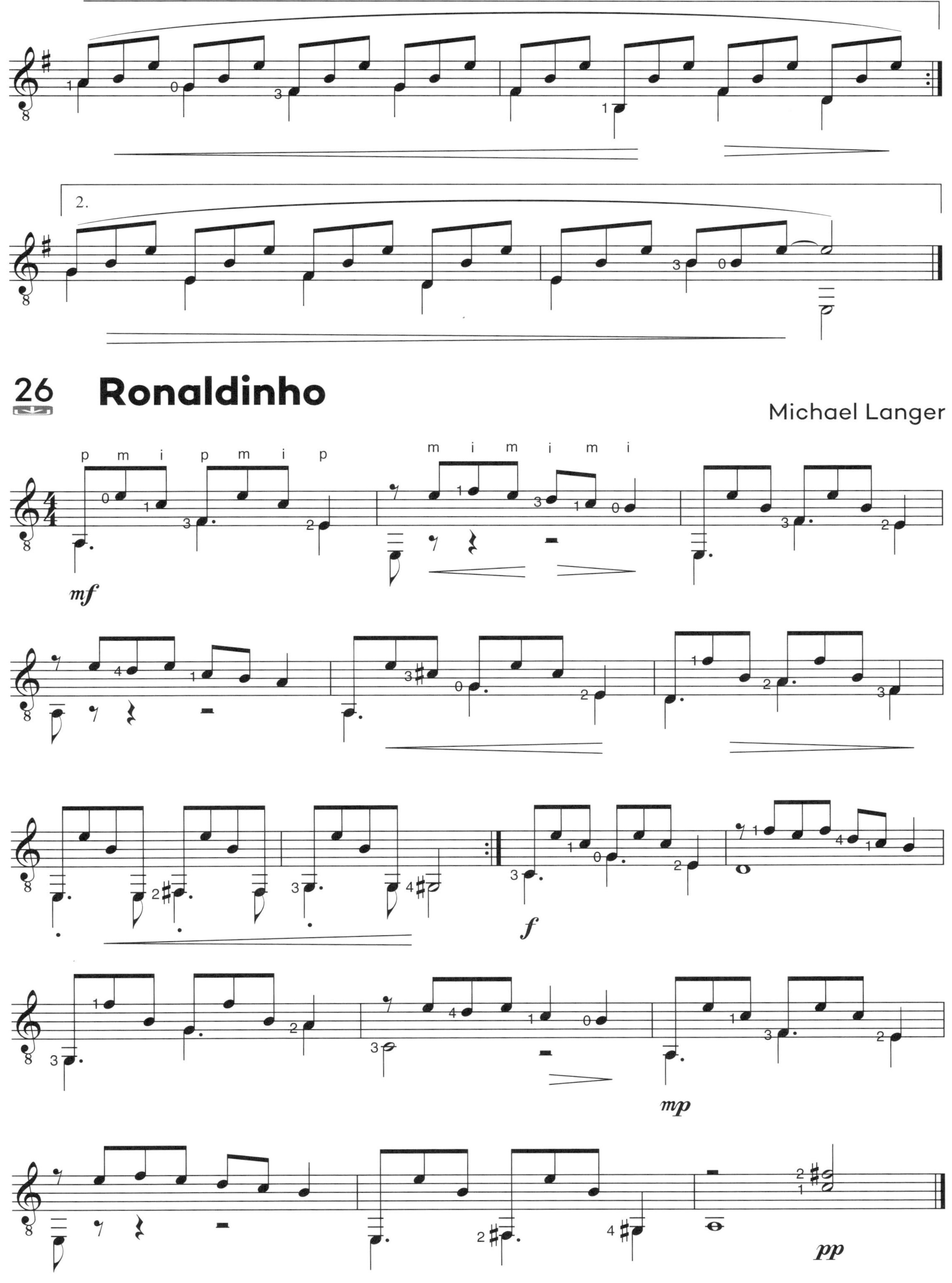

Powerstep 4

THEMA: **Vierstimmige Zerlegungen**

In Band 1 von „Play Guitar Powersteps" haben wir versucht, die Akkordzerlegungen zu systematisieren: Zum Abschluss folgen Stücke mit vierstimmigen Zerlegungen mit dem zugrunde liegenden Fingersatz p - i - m - a.
Bitte achte auf die fixe Saitenzuordnung der anschlagenden Finger wie bei der Liedbegleitung. Der Ringfinger schlägt die 1., der Mittelfinger die 2., der Zeigefinger die 3. Saite an, der Daumen spielt die Basstöne auf den Basssaiten.
Das gilt es gut abzuspeichern, um diesen Fingersatz immer in Verbindung mit vierstimmigen Akkordzerlegungen abrufen zu können - auch wenn sich die Grundposition ändert. Es gibt zwei weitere Varianten dazu: a = 2. Saite (m = 3., i = 4. Saite) bzw. a = 3. Saite (m = 4., i = 5. Saite).

Im ersten Stück von Step 4 (Nr. 27, Carcassi: Prelude a-Moll) kannst du sehr gut den Übergang von der Drei- zur Vierstimmigkeit nachvollziehen. Die ersten vier Takte sind dreistimmig, bei den nächsten vier Takten wird die Zerlegung vierstimmig und der Ringfinger kommt dazu.

ÜBETIPP: Ein Übeprinzip, um beim Anschlag p - i - m - a mit allen vier Fingern einen gleichmäßig voll und rund klingenden Anschlag zu bekommen, ist, die Saite vor dem Anschlag schon zu spüren. Setze jenen Finger, der als jeweils nächster an die Reihe kommt, kurz vor dem Anschlag bereits mit der Kuppe an die Saite. So kannst du bewusster und gleichmäßiger anschlagen.

ZIELE: Großes Ziel ist ein gleichmäßiger vierstimmiger Anschlag der Akkordzerlegungen.
Ebenso große Aufmerksamkeit sollte auch auf das Umgreifen der Akkorde gerichtet bleiben: Als Beispiel haben wir in der ersten Zeile des folgenden Carcassi Preludes (Nr. 27) die „gemeinsamen Finger" der aufeinanderfolgenden Akkorde, die liegen bleiben können, mit strichlierten Linien verbunden.
Nächster Schritt: Beim schon fortgeschritteneren Carulli Prelude (Nr. 32) zeigen strichlierte Linien die liegen bleibenden Finger an, durchgehende Linien zeigen die Finger, die auf der gleichen Saite in den nächsten Griff gleiten können.

27 Prelude a-Moll

Matteo Carcassi

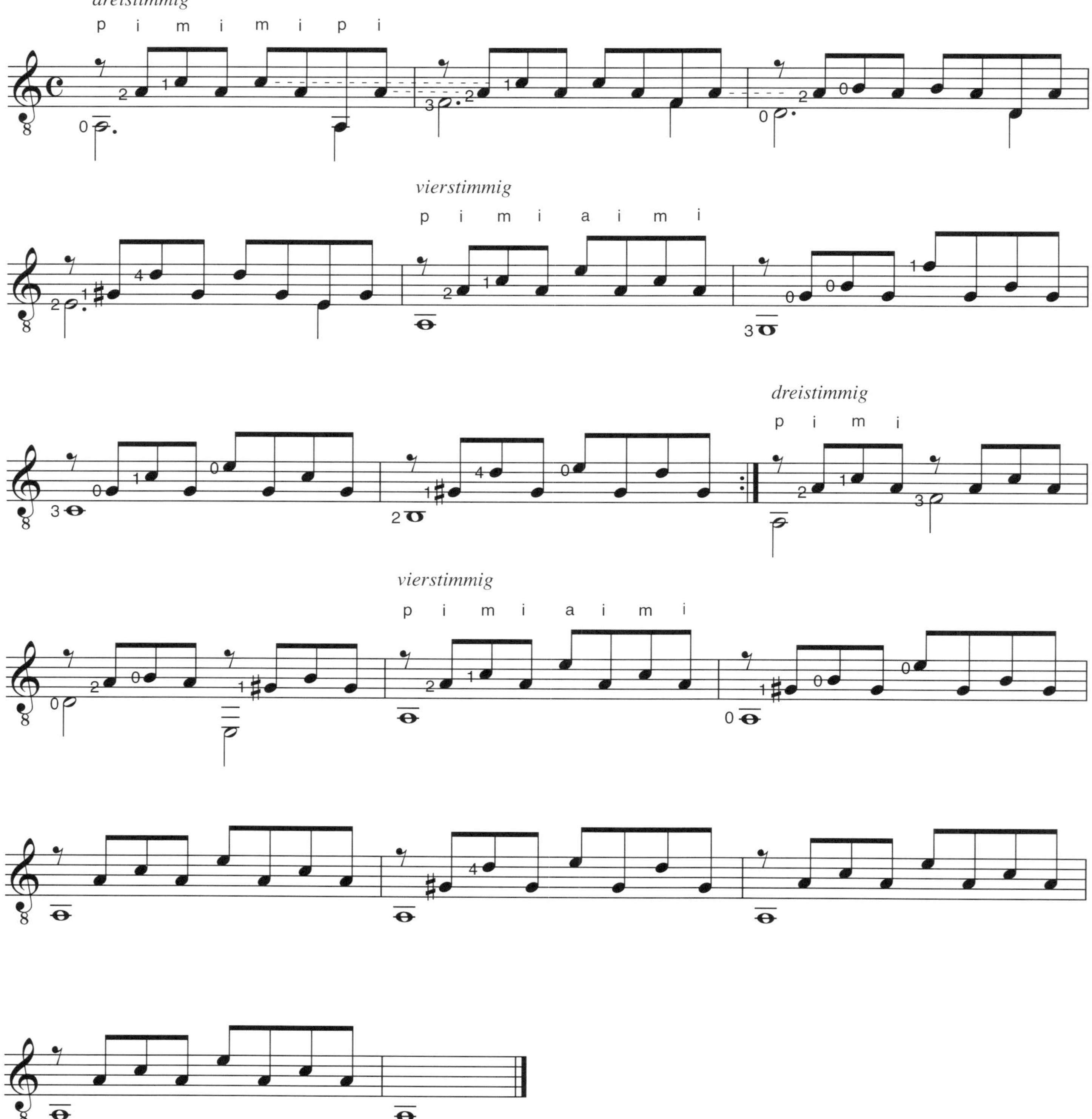

28 Profumo di fiori

„Der Duft von Blumen“

Cosimo Antitomaso

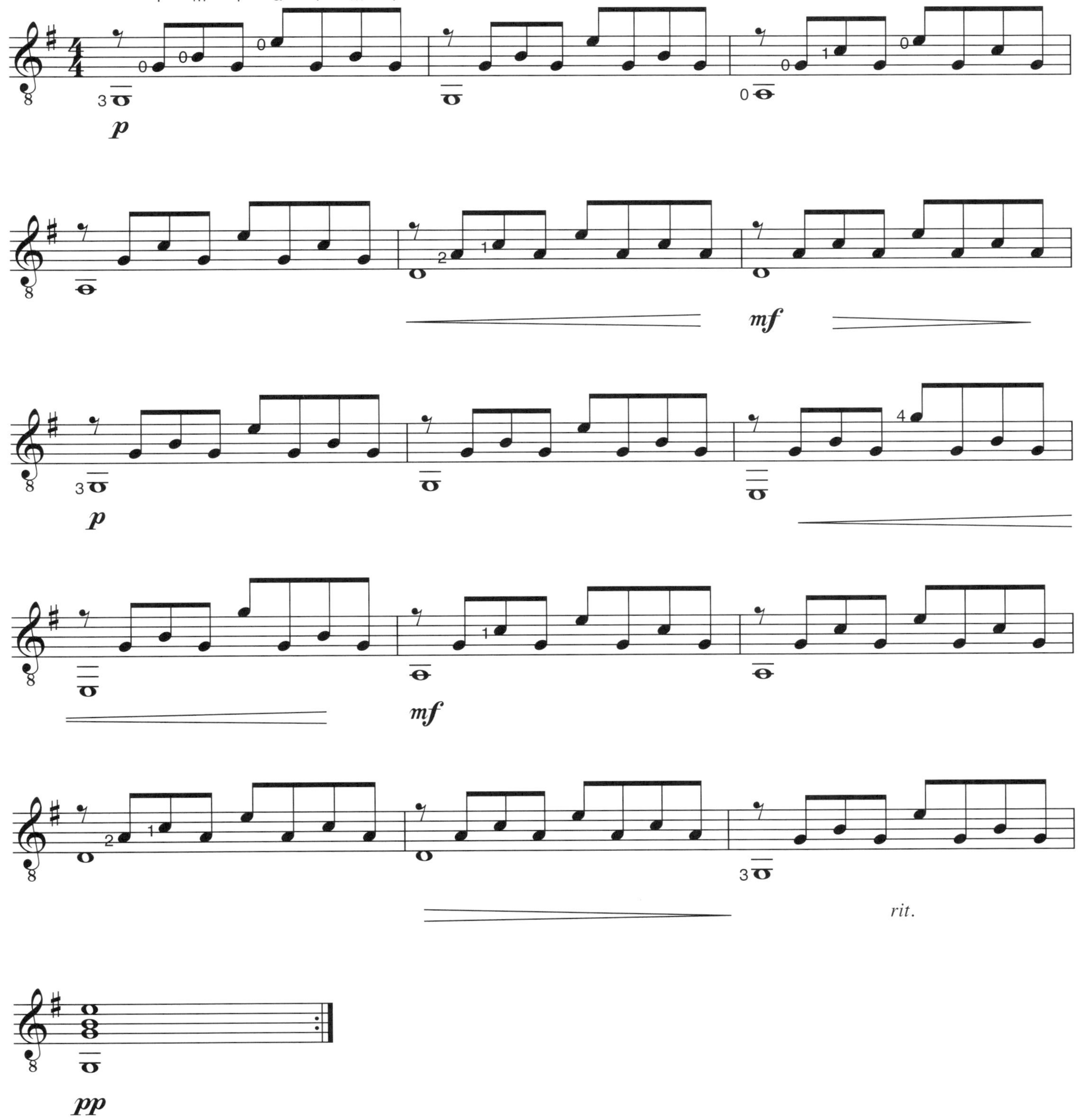

29 Break Even

Vincent Lindsey-Clark

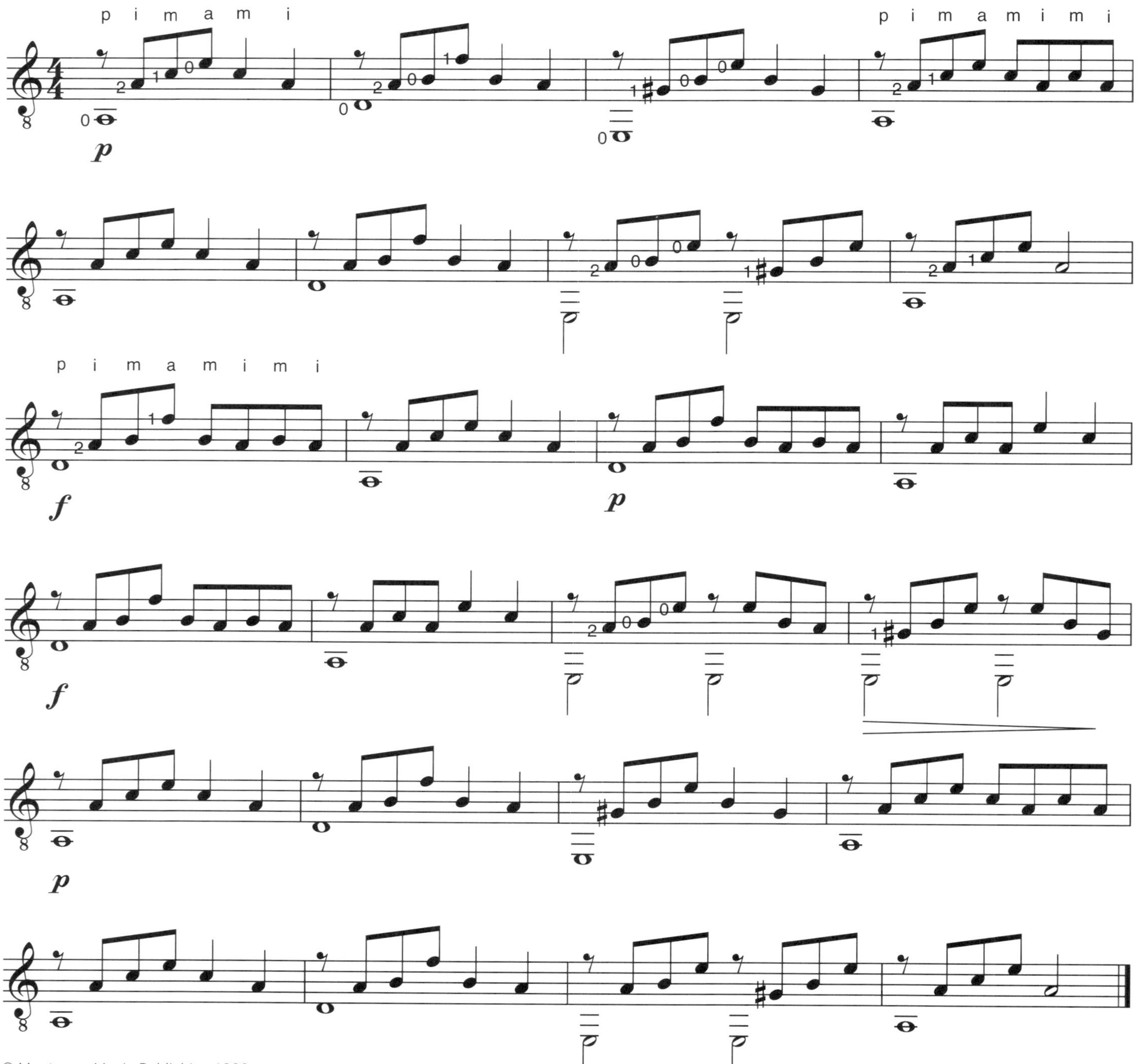

p i m a m i

p i m a m i m i

p

p i m a m i m i

f

p

f

p

30 Leccion Nr. 55

Julio Sagreras

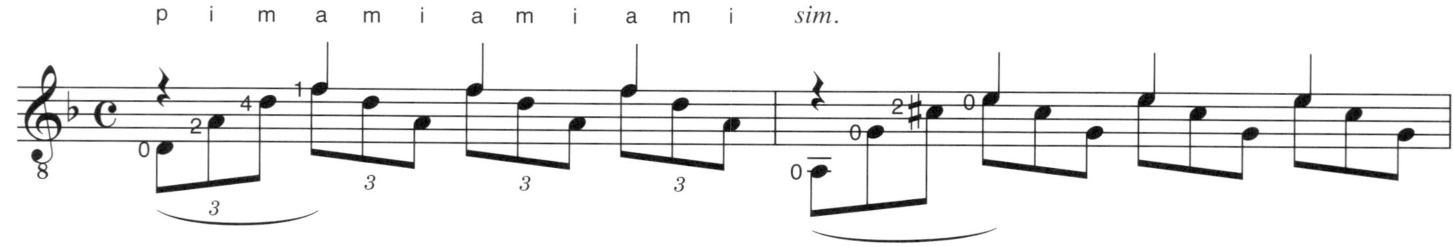

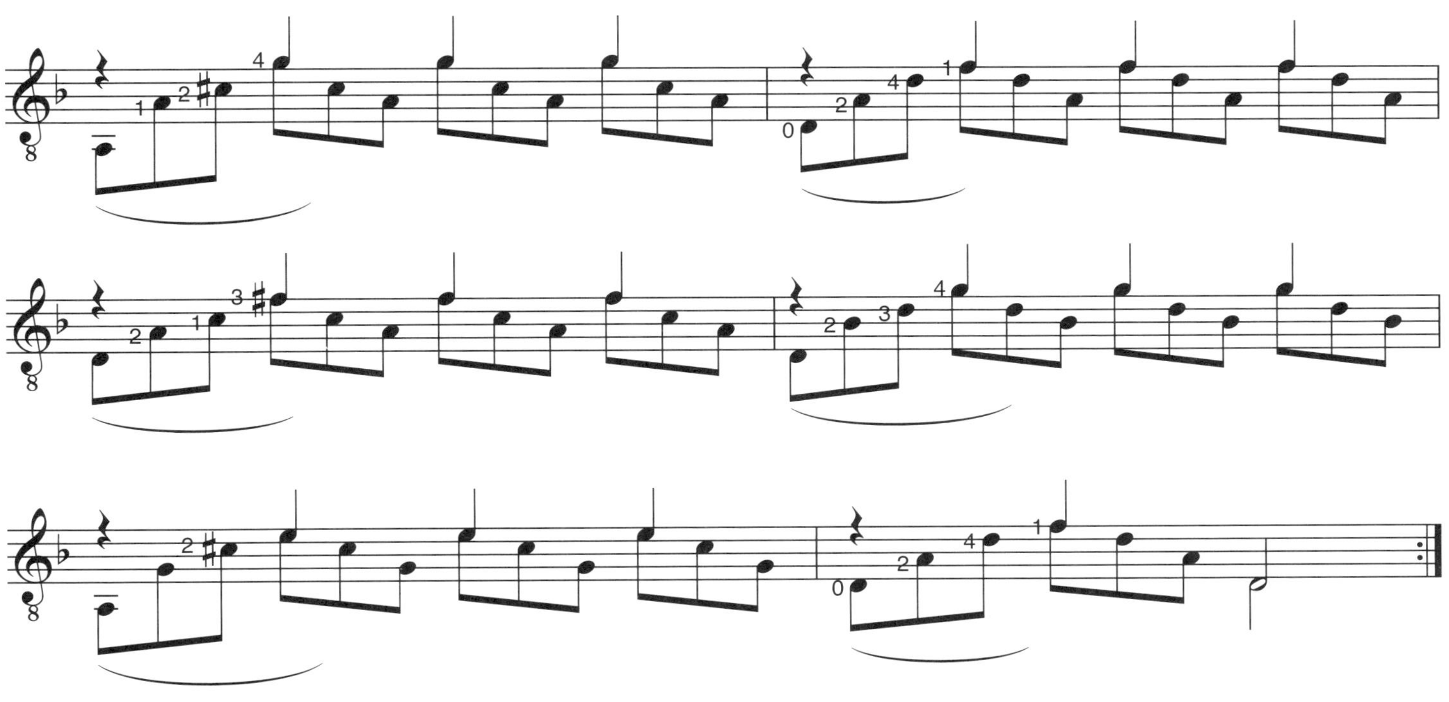

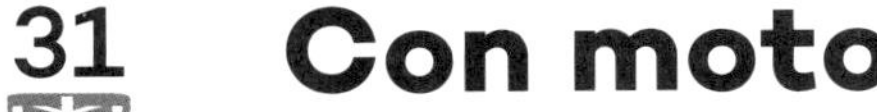

31 Con moto

Reginald Smith-Brindle

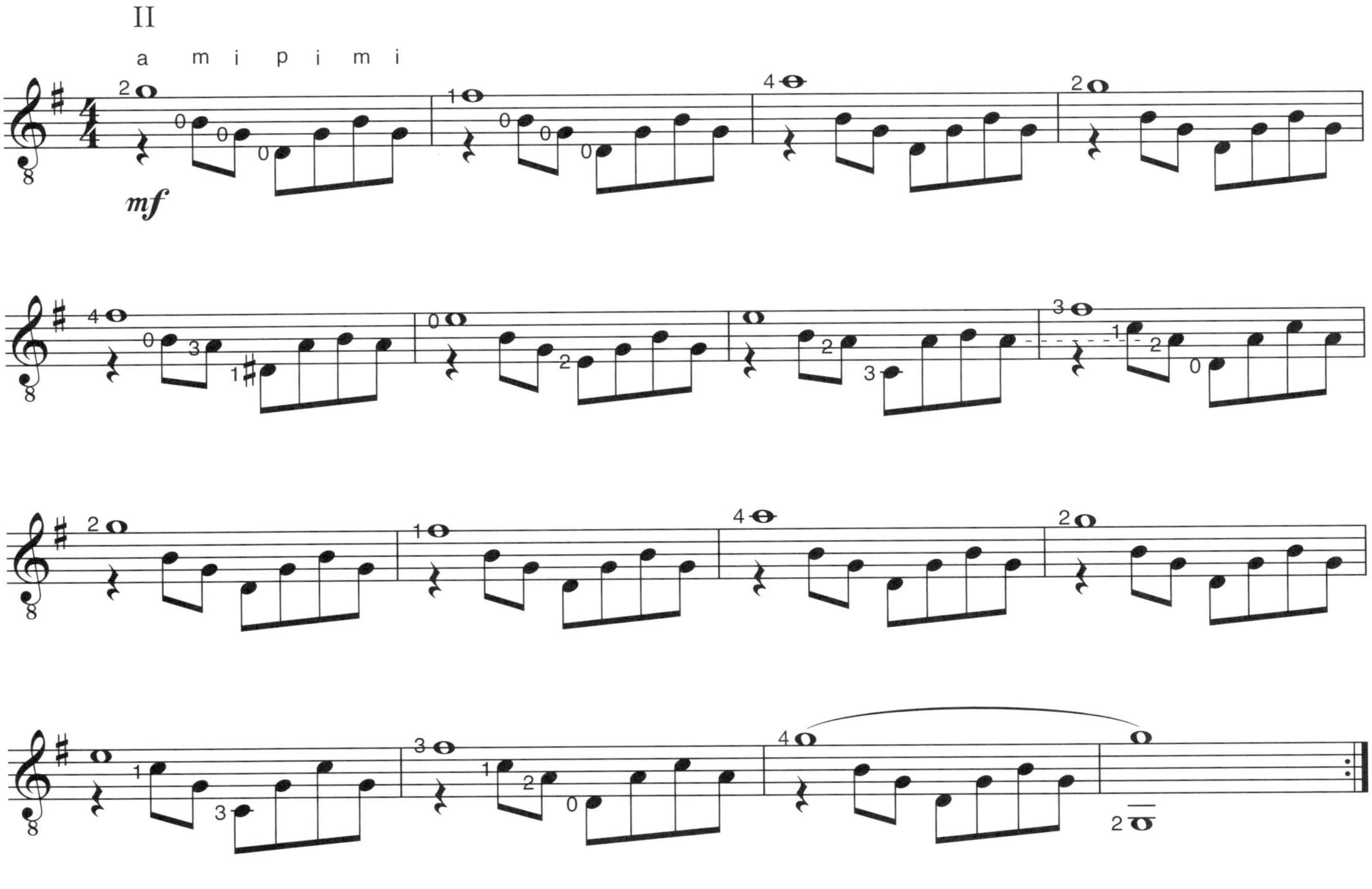

II

a m i p i m i

mf

32 Prelude A-Dur

Ferdinando Carulli

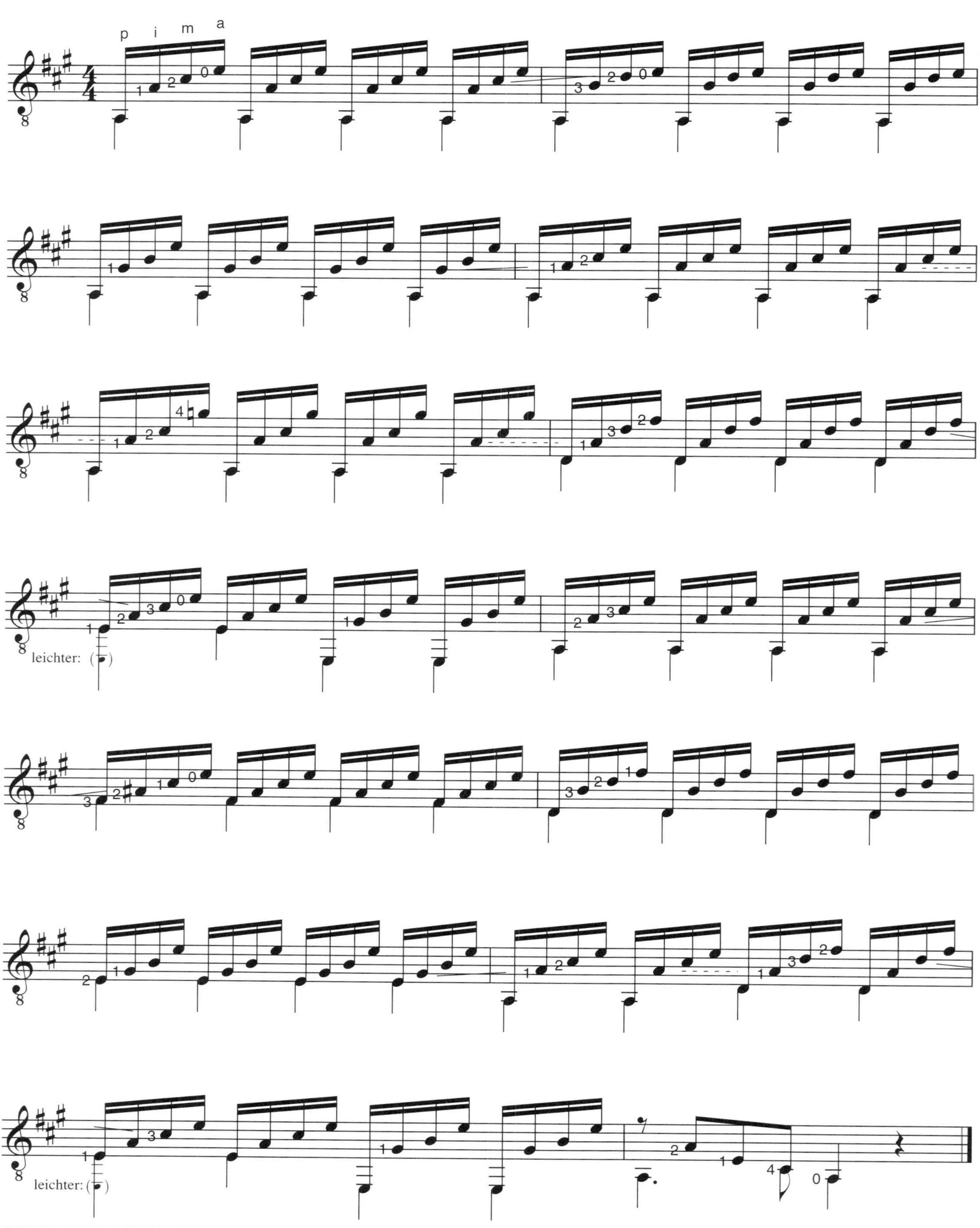

33 Im Regenwald

Michael Langer

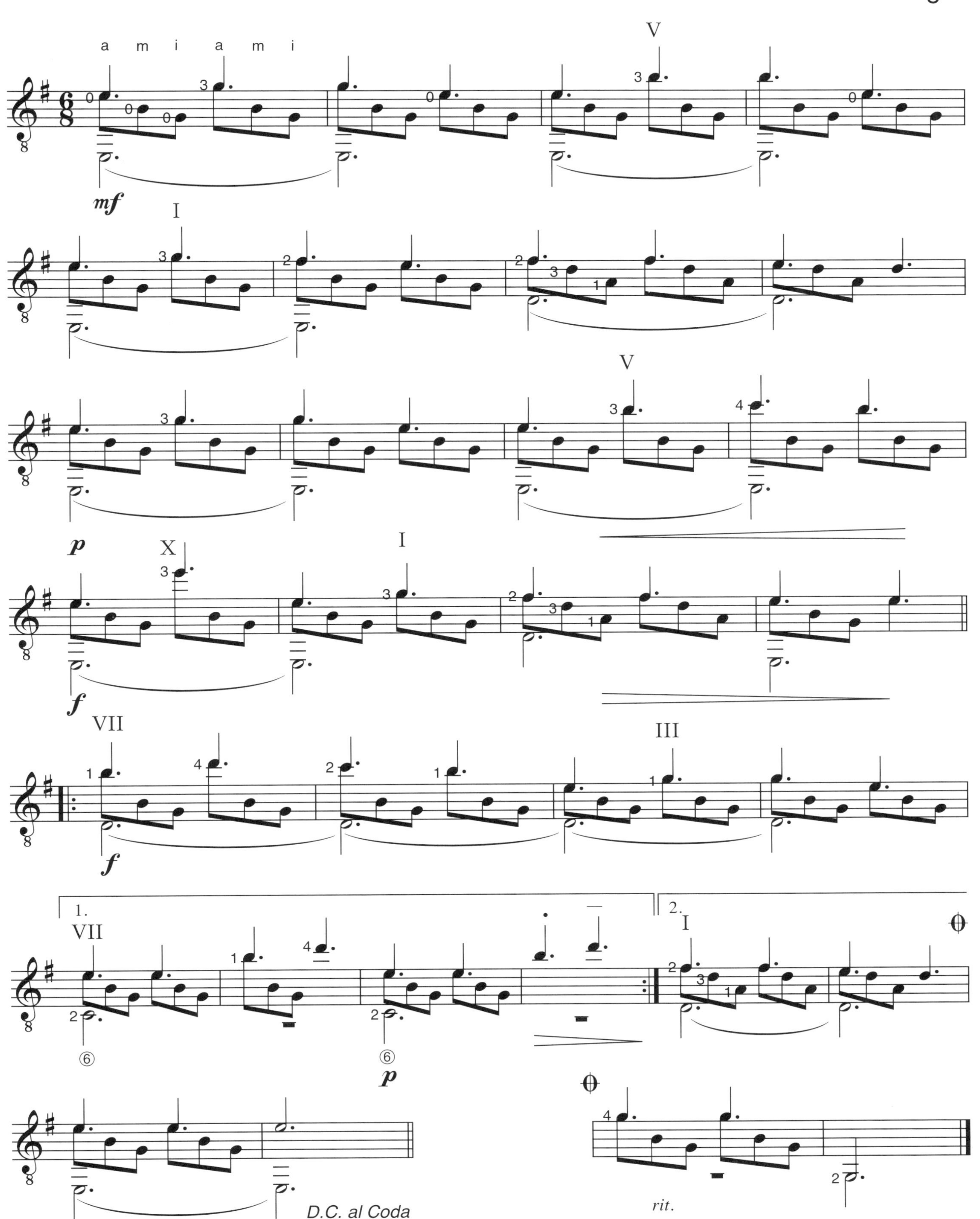

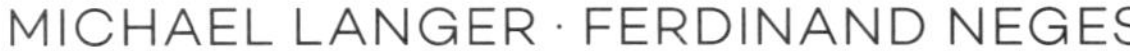

Play Guitar

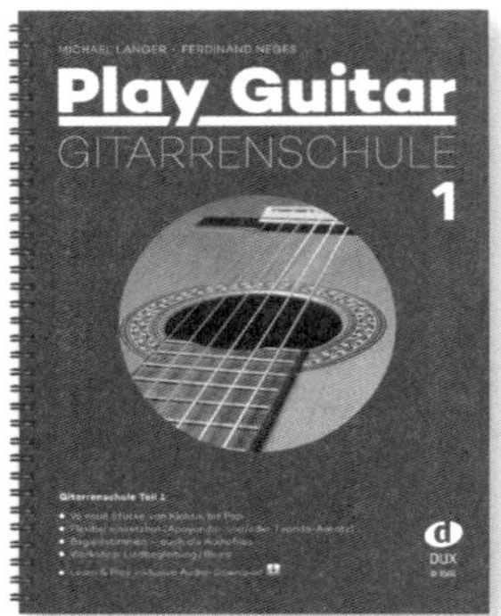

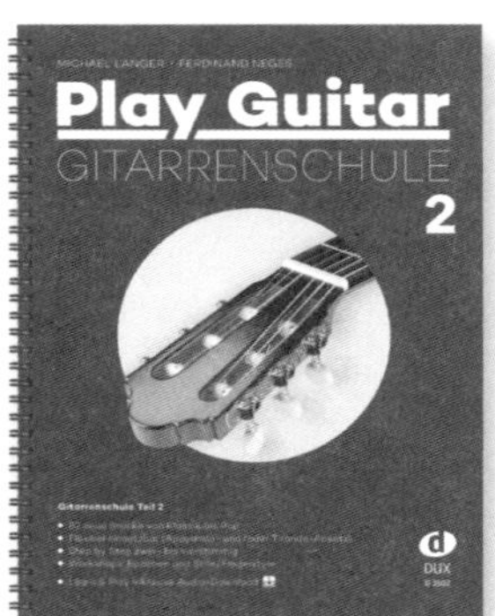

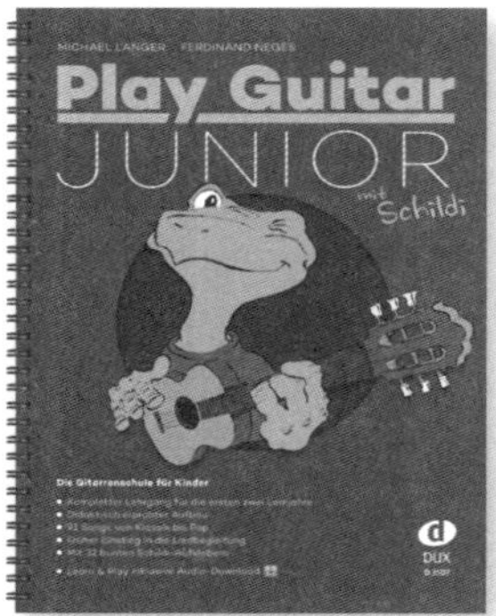

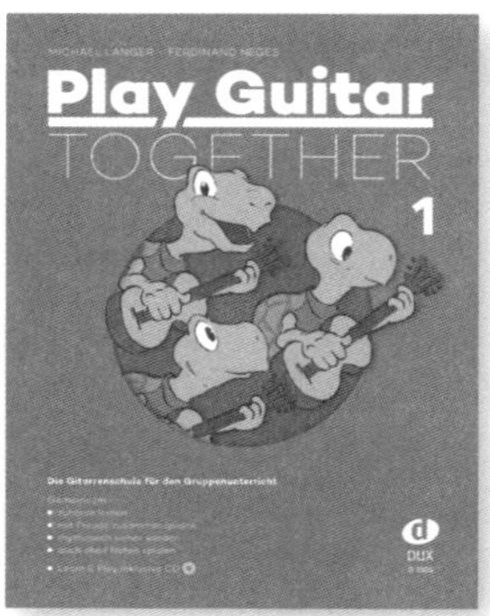

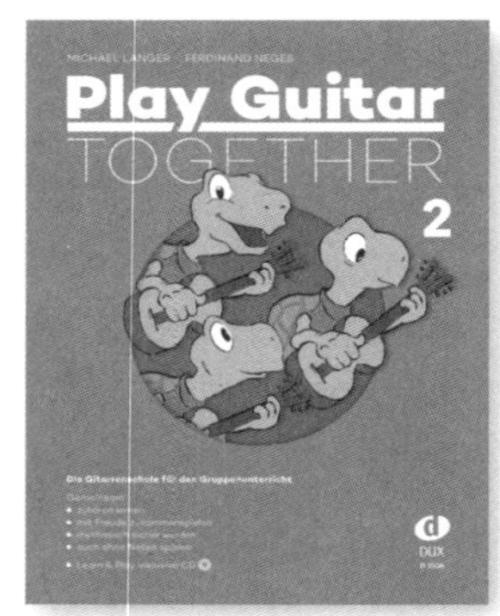

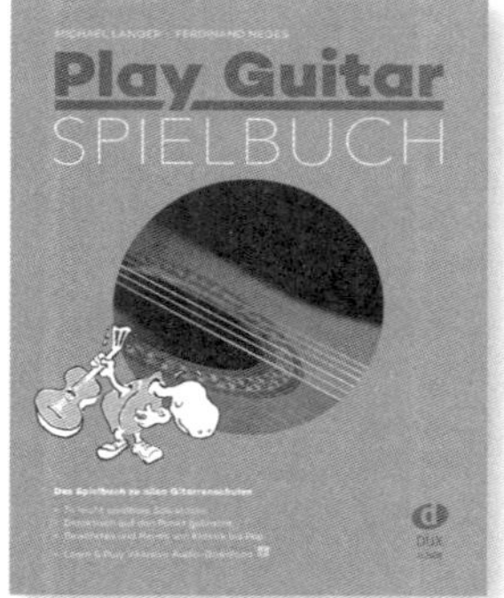

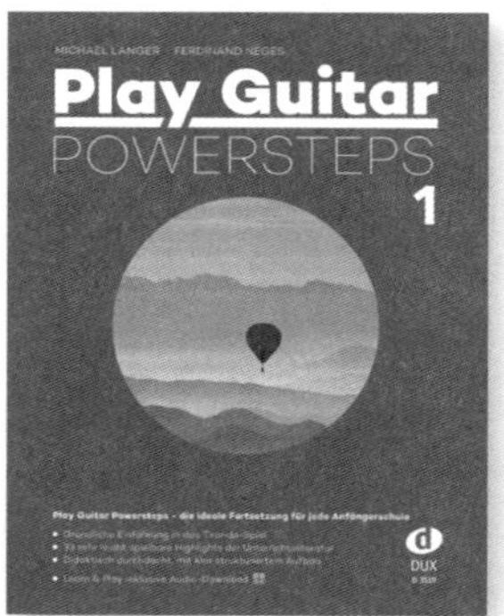

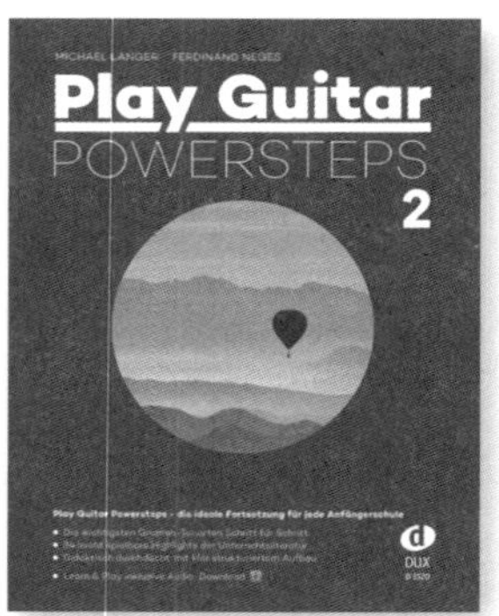

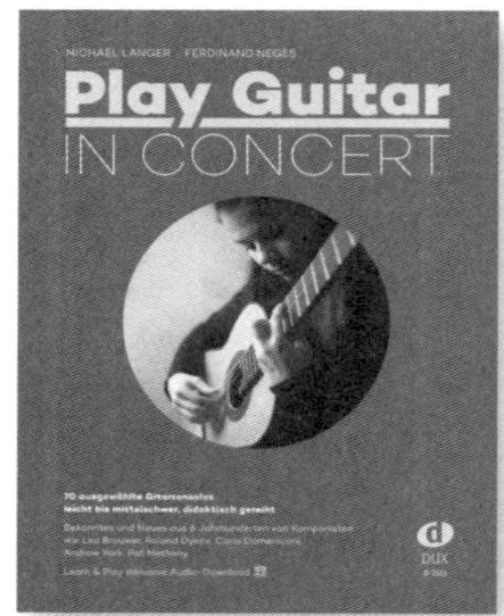

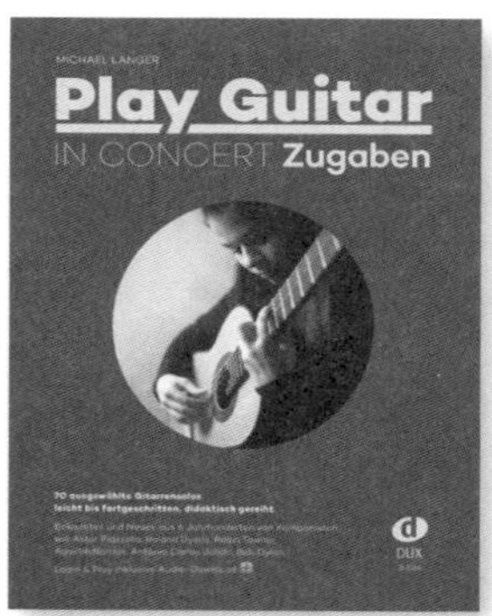

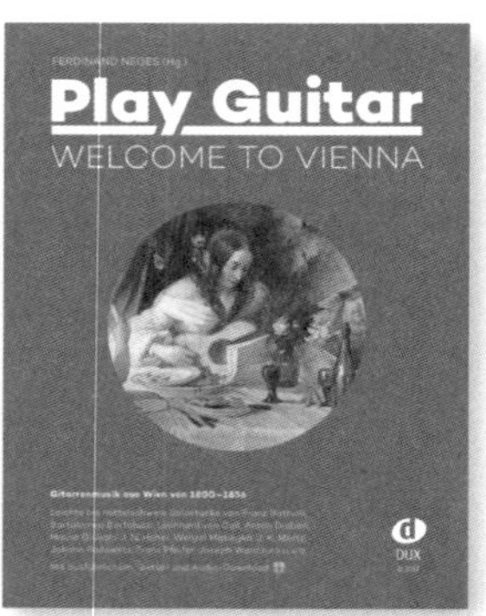

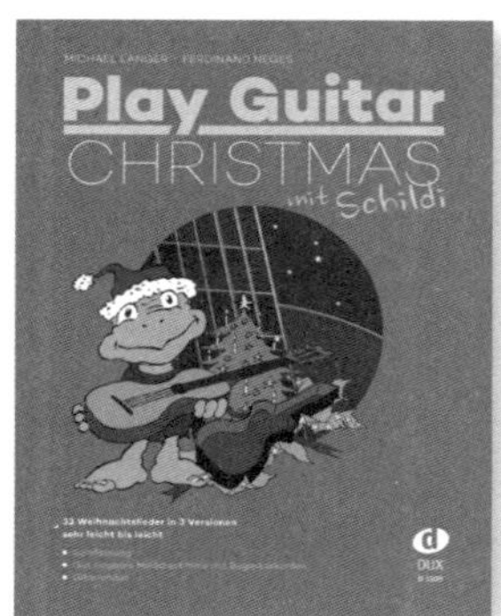

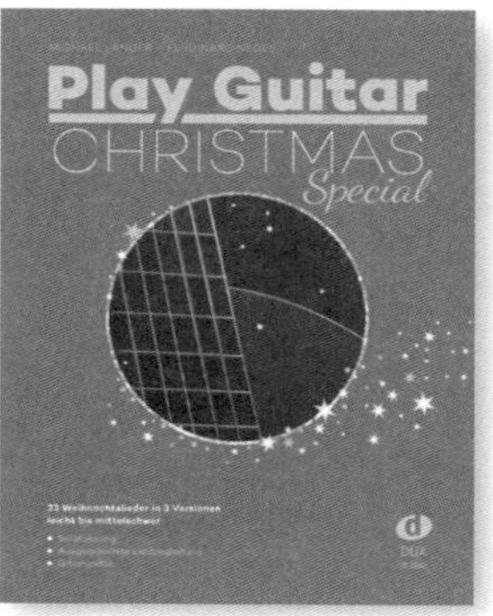

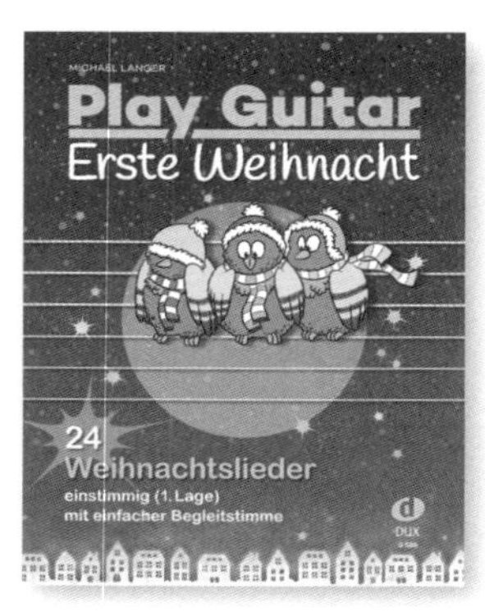

Play Guitar – Gitarrenschule Band 1
D 3501/ISBN 978-3-86849-258-3

Play Guitar – Gitarrenschule Band 2
D 3502/ISBN 978-3-86849-259-0

Play Guitar Junior mit Schildi
D 3507/ISBN 978-3-86849-264-4

Play Guitar Together Band 1
D 3505/ISBN 978-3-86849-262-0

Play Guitar Together Band 2
D 3506/ISBN 978-3-86849-263-7

Play Guitar Spielbuch
D 3508/ISBN 978-3-86849-265-1

Play Guitar Powersteps 1
D 3519/ISBN 978-3-86849-409-9

Play Guitar Powersteps 2
D 3520/ISBN 978-3-86849-410-5

Play Guitar in Concert
D 3511/ISBN 978-3-86849-274-3

Play Guitar in Concert - Zugaben
D 3516/ISBN 978-3-86849-395-5

Play Guitar - Welcome to Vienna
D 3517/ISBN 978-3-86849-402-0

Play Guitar Christmas mit Schildi
D 3509/ISBN 978-3-86849-266-8

Play Guitar Christmas Special
D 3510/ISBN 978-3-86849-267-5

Play Guitar Erste Weihnacht
D 886/ISBN 978-3-86849-332-0